大眾心理館

心靈成長 9

鄭石岩作品集

國家圖書館出版品預行編目（CIP）資料

牽手往幸福走：相愛相知共經營，幸福婚姻款款行／鄭石岩著. -- 二版. -- 臺北市：遠流, 2013.08
面； 公分. --（大眾心理館）（鄭石岩作品集. 心靈成長；9）

ISBN 978-957-32-7243-4（平裝）

1.婚姻 2.夫妻

544.3 102013666

大眾心理館

鄭石岩作品集 心靈成長 9

牽手 往幸福走

相愛相知共經營，幸福婚姻款款行

作者：鄭石岩
執行主編：林淑慎
特約編輯：趙曼如
發行人：王榮文
出版發行：遠流出版事業股份有限公司
100 臺北市南昌路二段 81 號 6 樓
郵撥：0189456-1
電話：2392-6899 傳真：2392-6658
法律顧問：董安丹律師
著作權顧問：蕭雄淋律師
2013 年 8 月 1 日 二版一刷
行政院新聞局局版臺業字第 1295 號
售價新台幣 240 元（缺頁或破損的書，請寄回更換）

ISBN 978-957-32-7243-4
遠流博識網 http://www.ylib.com E-mail: ylib@ylib.com
【增訂版《牽手締造幸福婚姻》，大眾心理學叢書 280，2003 年出版】

牽手 往幸福走

相愛相知共經營，幸福婚姻款款行

鄭石岩／著

《牽手 往幸福走》

目錄

新版序

夫妻相知相愛的藝術

婚姻是人生最重要的課題之一。經營得好，會覺得溫馨幸福，覺得自己有個美好的窩；經營不善，會覺得傷痛孤單，好像在感情生活上沒有個歸宿。經營婚姻必須相知相愛，彼此關懷、負責、尊重和了解。要做好這些事，除了具備豐富的知識和能力之外，還要懂得善巧，將情感表現得自然，恰到好處。

我很能了解心理學家佛洛姆（Eric Fromm）把愛詮釋為一種藝術和能力的結合。夫妻間的愛需要學習，讓自己有能力去愛對方，更需提升愛成為藝術，表現得美和恰到好處。情人的愛是浪漫的，美在浪漫揮灑；婚姻的愛則是有能力的愛加上藝術，才能經營出更多幸福、相知和相愛。從而在這塊園地上落置人生和莊園，讓家人、子女在上頭同享生命的溫馨美好。

四十多年來的婚姻輔導和晤談經驗，讓我更了解夫妻間相知相愛的藝術。我簡單歸納出幾個核心要領：

- 保持親密互動的習慣：了解對方的感受和觀點，先安撫再溝通，透過關愛先讓彼此的精神能量提升，再進行歧見的溝通。記得！夫妻的溝通精義在事緩則圓，要避免硬碰硬。
- 保持正向的情緒習慣：告訴自己絕不賭氣，更不當著配偶的面對他發脾氣。賭氣像毒液，能腐蝕美好婚姻的平合，發大脾氣像龍捲風，能摧毀家園。
- 維護彼此的信賴：避免做出傷害互信的事，特別是婚後偷情，一定要避免。此外，有福同享，對財富也要建立互相信任和了解的共識。
- 適當參與家族親友的活動：這有助於形成家庭的人際支持，帶來更多溫馨和友誼。
- 培養共同持家的理念；在一起做家事和照顧子女中，可以享受許多笑聲和樂趣，領受天倫之樂，又對孩子潛能發展有益。
- 保持性生活的熱情：有必要安排夫妻親密的生活，這能在忙碌和沉重的家庭生活中，找到心心相應的情懷，讓彼此更互信更互愛。

● 學習互相理解和尊重：夫妻專長或許不同，但在生涯上宜保持互相尊重和鼓勵，要盡可能讓彼此都有實現生涯美夢的機會。

台灣現在是亞洲離婚率最高的國家，近二十年來已有一百萬對夫妻離婚，平均一年超過五萬對夫妻的婚姻以分手收場，這是值得我們共同關注的社會現象。於是，我從婚姻諮詢的立場，提出相知相愛的藝術，寫這本書。

本書自二〇〇三年發行以來，獲得讀者熱烈迴響，各地讀者會紛紛研讀討論；除了得到許多年輕夫妻的贊許之外，即將步上紅毯的新連理也衷心接納。諸多好評中，心臟科名醫廖教授及夫人認為本書是經營婚姻、締造幸福的經典之作，訂購了一百本送給親友和學生。高雄少年家事法院的陳法官說：「這本書很實用，對夫妻和睦相處的關鍵因素做了分析，指出夫妻之間的禁忌，以及溝通、學習和互愛之道，是本有價值、值得讀上好幾遍的書。」

一位女性工程師讀者寫了一封信感謝我說：「我們夫妻經常吵架，家裡瀰漫著緊張氣氛，連孩子都受影響。有一天我在報上看到《牽手》一書的介紹，當天下班後專程到書店買到。我慢慢讀，花了幾天才讀完。發現自己和先生都有書中所謂：爭勝和輸不起的習慣。於是，我決定不再踩上這個爭吵的地雷。這一來，也感動了先生一起閱讀、學習和成長。這本書成為我們相互砥礪的鏡子，從中清楚地看到衝突的來源，謹慎地避開錯誤的言行，讓我們知道怎麼表達愛。其實我們夫妻的愛本來就存在的，只是我們有了走樣的演出，愛卻變成了衝突。現在，我們已經知道怎麼互愛了……」

卓校長和黃老師是一對恩愛夫妻，他們有個溫馨的大家庭，認真教職，教養著一個聰明可愛的男孩。他們讀完這本書時，打電話告訴我閱讀的豐收和喜悅：「經營幸福婚姻的意願固然重要，但有人作正確的指導更是重要。書中精闢的解析、感人的故事和中肯的建議，是指導締造幸福婚姻的有效方法。這本書對我們有許多啟發，每一對追求幸福的夫妻都能受用。」

陳先生是一位科技新貴，對這本書的回饋是：「當我讀到〈怨偶的警訊〉

這一章時，我已全然明白自己是怎麼一回事了。這一章所指出的錯失，正是我們夫妻所犯的毛病。我們互相挑釁和爭吵，甚至彼此冷戰，眼見婚姻生活品質明顯滑落。還好，現在我們有了警覺，學習約束自己，實踐新的感情智慧。」

令我感動的讀者，還有一對即將結婚的新人，他們快樂認真，有信心經營幸福婚姻。他們一起閱讀、討論和分享，還一起來見我說：「我們讀《牽手》當做婚前準備的功課，並已開始實踐。現在我們對幸福更有把握，只要用有能力的愛來經營，美好的婚姻就在掌握之中。」

本書出版至今十年，讀者的回饋殊多，能贏得讀者的真心喜愛，對作者是莫大鼓勵。以上只舉出幾個代表性的迴響，改版發行希望有更多讀者青睞和受益，攜手創造幸福婚姻的台灣社會。

締造幸福婚姻

婚姻是人生的大事，它的美滿與幸福是靠經營得來的，不是偶然撞見撿來的。每個人在結婚之前，都還有選擇的權利；但是結了婚，就只有用心經營，一定要把它締造成幸福的婚姻，別無他途。

美好的婚姻不但是個人幸福的來源，也是子女成長的庇蔭所；它使夫妻雙方的父母得到照顧，更是社會安定和良好文化傳承的基石。婚姻是每個人所注重的，也需要政府作出努力，協助每對夫妻建立幸福家園。

目前台灣的離婚率偏高，根據二〇〇二年的統計，平均每五對夫妻至戶政事務所辦結婚，就有二．九對左右去辦理離婚。我們的離婚率已居亞洲之冠，我們能不重視這個問題嗎？或許有人反駁，有些國家離婚率更高，但這些地區的家庭文化不同，對於前夫前妻的子女，能平等接納，一同撫育，所以家庭功能仍然維持。在我們的國家卻並非如此，夫妻離婚之後，未善盡教養者多，隔代教養者眾，造成教育問題，也嚴重影響孩子成長的權利，並衍生社會問題。

當然，離婚的第一個受害者，一定是兩位當事人。因為離婚並沒有解決他們的問題，在仳離之後的幾年，甚至更長的時間，離異雙方還是要為子女教育傷腦筋，為彼此弄不清楚的感情，懷著傷痛、憎恨和敵意。

三十年來我做婚姻諮商的輔導義工，接過的個案殊多，慢慢領會到婚姻破裂的原因，是因為缺乏經營婚姻的知識和技巧。更嚴重的是離婚者，通常都犯了一些重大（卻往往不自知）的錯誤，以致原本兩情相悅的夫妻，變成反目成仇的怨偶。

眼看著離婚收場的婚姻增加，對個人和社會造成深沈的危害，於是發起了關懷之心，把多年來累積的心得加以整理，寫成這本書，希望能提供夫妻締造幸福家庭的具體建議和方法。著手撰寫本書期間，一方面回顧整理的資料，一方面向婚姻幸福的夫妻請教，甚至在公開演講時，隨機聽取聽眾的看法。有這麼多人提供寶貴意見，給我指教和啟發，令我感激。

有一次參加星雲大師主持的會議，會後閒談，我告以寫作本書的原意，他肯定我的努力。同時問我：

「你贊不贊成離婚？」我回答說：

「過去專業的知識告訴我，要保持超然。但現在我反對離婚，因為九成以上的離婚者，都不應該鬧到如此下場。只要他們觀念正確，願意彌補錯誤，就可以重修舊好。」他仔細聽我說明。接著又問：

「如果是暴力而不肯悔改呢？」

「這種性格違常的人，當然要與之仳離。」我回答。

「慈悲。」他點點頭說了兩個字。他又接著說了佛法治心的開示。

又有一次，我和吳英璋教授談及婚姻和台灣話中「牽手」的意涵。他在內容上給我許多建議，讓我受益良多。後來我請教他：

「如果你現在要給一對新人，說幾句經營幸福婚姻的真心話，你會說什麼？」他說：

「我會告訴他們，要做夫妻就不可以分彼此。自私和自我中心是破壞幸福的開端。」我傾聽他的觀點，並接受他對書名「牽手」的豐富闡釋。

在一次難得的機會裡，我請教了台大醫院心臟科主任廖朝崧教授和夫人，他們也是令人稱羨的夫妻。我問：「怎樣才能經營出幸福婚姻？」廖教授說：「夫妻當然是要互愛，但我認為最重要的是，彼此不斷的成長與學習。愛是一種能力，要靠學習才會成長，透過學習彼此知道怎麼相待，怎麼處世。肯向別人學習，才知道怎麼做最好。」廖夫人則說：「真誠的感情最重要，其次是夫妻要巧妙的避開父母親的介入。」

每次與高明談論，都得到無盡的寶藏。這本書的內容有從婚姻困擾者的經歷得到教訓，有從幸福夫妻身上得到啟發，相信能帶給讀者諸多有用的知識。

幸福婚姻有一定的主觀因素，只要夫妻彼此協調得好，真心相愛，不斷學習和成長，就是幸福。這本書只是基本的知識，讀者運用之來締造幸福婚姻，它的要領是實踐，並要從自己做起，而不是拿著它來要求配偶，批評配偶。這才是閱讀本書的正確態度。

最後，我要向所有幫助我完成這本書的人致謝。特別是內人秀真，她犧牲週末假期為這本書校對，並提供許多寶貴意見，於公於私都衷心感謝她。

1 為婚姻扎根

夫妻就是共命鳥，兩個頭共同一個身軀。
思想可以是獨立的，但要互相尊重協調；
利害是與共的，所以要互愛互助；
彼此只有一個身家，所以不能有二心。

穩固的婚姻，是用愛情的質材建立起來的。

有穩固的婚姻，才能在上頭建立家園，孕育健壯的下一代，栽植高水準的生活品質。人生的成功和幸福，與穩固的婚姻息息相關。我也發現，穩固幸福的婚姻，不但帶給你喜樂和充實，它更賜給你健康，以及生命的價值感。

穩固幸福的婚姻，不是偶然撞見撿來的，而是努力經營得來的。因此，你若能為婚姻努力，不僅為自己，同時為對方而努力，那麼婚姻這塊田地，就有了陽光雨露，讓你們豐收，兩人都會是贏家。

別等著你的配偶對你好，別只顧為自己著想，而是要為你們的婚姻著想。不能只想著婚姻給你些什麼，該想的是自己為經營婚姻作了什麼付出。沒有付出怎麼會有幸福的婚姻呢？所以經營的要領是先付出，好好營造，然後在營造之中享受婚姻的福報和美好。

共命鳥

婚姻很像佛經上所說的共命鳥，牠是兩個頭共用一個身軀的飛禽。

佛陀有一次對大眾說：從前有一隻共命鳥，飛到林子裡覓食，右邊的頭首先發現果子，牠獨個兒享受起來。左邊的頭幾次靠過來，要跟牠一起分享，卻被無情的拒絕。被拒絕的頭，只好東張西望，把脖子伸到最長，終於可以搆得到另一個果子，但定睛一看，那是有毒的果子。左邊的頭一時顧不了那麼多，就把毒果吃下去了。

故事只到這裡就結束了。不過，你還要佛陀說什麼呢？因為答案已經很清楚，這隻共命鳥不死亡也要生病了。佛陀用故事來警誡大家，夫妻是共命鳥，家庭是共命鳥，社區、企業體、社會、國家乃至全人類都是共命鳥。

夫妻是共命的，婚姻就是一隻共命鳥。它有兩個頭，卻共用一個身軀，生死與共；思考是可以獨立的，但卻共用一個身軀，彼此要學會合作、和諧與默契，要共同經營人生。夫妻之間，你是你，同時又是他；婚姻成為你自己，也成為他自己。

在基督教義裡也明白揭示著這個真理：「人單獨不好，所以神給他造了相稱的伴侶。」夫妻既然結了連理，就必須互相調適，讓彼此相稱，不這樣又怎能幸福生活呢？

人在未結婚之前，擁有選擇伴侶的權利，所以要慎重，要把握機會；要在狂熱的感情激流中，看清楚、想清楚。一旦結了婚，成為夫妻，就沒有選擇的餘地。這時只有經營它，沃壯它，讓這隻共命鳥飛得高、滑翔得遠，快樂的歌兒隨處有。如果你已結婚，或者正打算結婚，就要充分了解這一點，並努力去行動，締造這隻生命世界的共命鳥。

透過婚姻的經營，漸漸學會從自我中心中解脫出來，穩固的婚姻，往往帶給一個人更好的獨立性和心靈的自由。這是精神成長之路，也是幸福之路，是使自己和生命更富於愛和智慧的孕育之路。

愛的行動

婚姻就是要用愛情當原料，寫出溫馨的故事，繪出美麗的圖案，創造豐富喜樂的體驗。它看來是平凡的，但卻展現著生命中絢爛的光彩。它們用的畫布是生活，彩料是感情，構思是智慧，日常酸甜苦辣的小事，都是創作的題材。

一位孕婦裝的售貨女士告訴我一個感人的故事。一位靦腆的年輕人，向他購買兩套料子很好、穿起來舒適的孕婦裝。他付現離去之後，她才發現他掉了一張紙條在櫃台上，打開一看，原來是一張當票，是剛剛那位年輕人不慎遺留的。過了一會兒，年輕人急忙回來尋找失物，他有些情急的問：

「請問你有撿到一張文件嗎？」

「你找的是不是這張？」女士把一張折疊成四方形的紙條給他看。

「是的。」年輕人接過去看了看說。

他拿著那張當票，本來轉身就要走了，但卻回過頭來，臉上擠出笑容，道出一聲謝謝，然後說：

「我是把一條項鍊拿去典當，為太太買孕婦裝的。最近景氣不好，碰上失業，只能這樣。但這張當票對我很重要，我一定要去贖回來，因為那是過世的母親留給我的遺物。」他又說了一聲謝謝，禮貌地揮揮手離去。

一幕愛的故事場景浮現在我的眼前。這位女士告訴我說：「當時，我被誠摯的愛情感動，被他對太太的愛迷住。我看到的是純真和絢爛的愛情，我由衷地祝福他很快能贖回媽媽的禮物，更祝福他們恩愛幸福。」

我相信這位年輕人的婚姻會是幸福的。無須別人的祝福，就已經幸福了，因為他們必已踏在幸福的路上。

英國作家柯林（A. J. Cronin）曾寫道：「記得剛結婚幾個月的一個黃昏，那時我正努力行醫，為病患勞碌辛苦，筋疲力盡。回到家裡，飢腸轆轆，我的年輕太太卻輕描淡寫，端出一枚小小的煮蛋。我竭力抑制自己，敲開蛋殼，竟然是一枚發臭的蛋。我一時按捺不住，暴跳如雷大罵起來。那天，她也為家務忙得不可開交，勃然憤怒，反唇相譏。於是，我們交相怒罵和指責，越吵越厲害。突然，我們都停頓了下來，各自閉上嘴巴，紅著眼眶含淚凝視對方，覺得這樣做未免太傻、太荒唐，接著不禁相顧失笑，擁抱起來。

「霎時我們恢復了和氣，揮走憤怒和敵意。我們一起上館子，吃了一頓稱心滿意的晚餐，然後一起去看了場電影。那次衝突本來足以釀成嚴重誤會，竟化為歡喜而言歸於好。」他們穩固了婚姻，也創造了更多彼此的恩愛和喜樂。

不要在盛怒之下，毫不留情的打擊對方，破壞彼此的信賴和情愛，這會使婚姻穩固的磐石鬆動，甚至傾斜崩塌。相對的，當婚姻穩固的時候，也就不怕一時的誤會或衝突，因為平常培養出來的情愛，會在節骨眼上，蹦出智慧和愛的火花，照亮彼此的心靈世界，來個急轉彎，化險為夷。這樣就能寫出更多美麗的愛情詩篇。

幸福的願景

在婚前諮詢中，我常問當事人：「你為什麼要結婚？對婚姻有什麼期許？有什麼願景？」許多年輕人回答說：「因為我們相愛，所以我們結婚。我們期許有個幸福的家，我們的願景就是得到幸福。」這些期許和願景固然正確，但婚姻是一個現實，要在許多生活現實中，負起責任，克服困難，作種種生活安排，才能創造幸福的生活。

我常有機會為新人敬賀講話，結婚賀詞不說俏皮話，也不說應景的客套，而是由衷的祝福和關懷。因此我的賀詞總帶著幾分勉勵和期許：

「恭喜你們有個美滿的婚姻，祝福你們有著成功的未來。幸福穩固的婚姻是經營培養來的，不是尋覓或偶然撞見撿來的。培養的要訣是互愛、責任和學習；所需要的態度是寬恕與單純。

「最近有許多人士，在倡導男女平權，這是天經地義的事。但你們千萬不要誤會，把它解釋成彼此計較，凡事爭到底，不肯寬恕。這樣幸福就有被踐踏的危險。

「夫妻就是共命鳥，兩個頭共同一個身軀。思想可以是獨立的，但要互相尊重協調；利害是與共的，所以要互愛互助；彼此只有一個身家，所以不能有二心。你們要發心培養一隻健康的共命鳥，飛得遠，飛得高，歡喜的歌聲隨處有。

「家庭的組成分子是人，無論是父母、兄弟姊妹、子女，乃至岳父母或其他長輩，彼此處得和諧就有溫馨。要培養家人的感情交流，這就會有歌聲，有笑聲。子女的先天是家庭的氣氛，把家庭氣氛培養好了，等於孕育好碩壯、活潑和聰慧的下一代。

「此外，請你們認清婚姻的本質：婚姻不是享福，而是造福與分享；是要從種種承擔和克服困難中，建立甜美的家，然後與家人分享；讓每個人有歡喜，有安全感，心智能不斷成長。它很像喝茶，苦中帶甘，芬芳中帶著苦澀，這叫做禪茶一味。過去農業社會，婚禮上要請長輩及親友喝茶，新郎新娘也一起喝茶，無非是要新人去品茗箇中的真諦和深義。結婚不只是一種享受，而要同時看出它的責任。有責任的人永遠是幸福的。

「現代人普遍重視自我實現，追求自我潛能的開拓，這是非常值得肯定的觀念。然而你們已經共組成家庭，就是休戚與共的伙伴，除了追求自我實現之外，更要互助互愛，共同營造美滿的家庭，這才有幸福和歡樂。祝福你們愛情穩固，婚姻美滿幸福。」

婚姻穩固之道，最根本的要領是互相關懷，願意為對方負責，彼此尊重和了解。穩固的婚姻也需要默契，只要你願意站在對方的立場想一想，就能彼此會心，產生默契，使彼此的互動更容易，生活倍加豐富和快樂。

觀察幸福婚姻，我得到一個結論：要永遠記得，夫妻的愛情是栽培出來的。它是看不見的，但卻在默契和關愛之中長存。婚姻的本質是給予，不是奪取或佔有。它是兩個無私的人之永久結合。人在結婚前可以重視自己的幸福，但在結婚之後，必須重視配偶的幸福。夫妻這隻共命鳥，是在共同實現中才長得碩壯，過得喜樂幸福。

2 沃壯婚姻樹

婚姻生活應有的規範和責任是良田，保持互愛就是沃土，
彼此推心置腹就是養料，興趣和幽默是和風，
寬容、學習和溝通就是雨露。
每一對夫妻都要合力照顧他們的婚姻樹，悉心共同照料就能繁盛不衰。

夫妻的感情好像一棵果樹，它需要細心的照料，定期施肥除蟲，才會長得繁茂豐收。已婚男女都要有栽培婚姻樹的本領和技巧，才能使自己與配偶間的感情，發展得深厚美好。

觀察婚姻幸福的人，有一個共同的現象，他們懂得滋養感情，讓婚姻樹的根，扎得厚壯，汲取更多養料，繁茂枝椏，形成大樹庇蔭他們的人生和家庭。

相對的，觀察婚姻失敗的人，不但怠於施肥除蟲，他們還動用刀斧，砍伐他們

的婚姻樹，最後弄得凋零枯萎，喪失依恃和庇護。

拿種樹當比喻，來談經營婚姻，具有生動的提示作用，更能引發聯想，學習如何增進婚姻幸福的技巧。

二〇〇三年的春天，我在電視新聞上看到一則報導：南部有一所國小的校園，種著一棵百年老榕樹，一年多前學校建教室，傷到根部，以致原本茂盛的老樹，開始落葉凋零；學校請來許多植物專家，設法拯救這棵大樹，但困難重重，特別是經過夏天的烈日和秋冬的乾旱，大榕樹能否回春，真是難以預料。學校在專家的指導下，悉心照顧，為大榕樹「吊點滴」：架設水管保持樹幹水份，引導新的樹根深入沃土，汲取養料滋養大樹。一年之後的春天，這棵大榕樹吐出新綠，回復生機，真是妙手回春。

這件事給了我莫大的啟發，新開畫面上的翠綠和新根，以及保留在樹上的水管，歷歷縈繞於腦際。在受理婚姻諮詢時，我轉述給幾對婚姻失調的夫妻，並建議他們：「你們過去有過互相創傷的往事，就像大榕樹的根被砍掉一部分一樣。現在要做的事是保濕的工程，不要讓它乾涸，同時要培養新的根，讓這棵樹回春繁茂。」

我開始與他們討論怎麼避免衝突，建立好的說話習慣；找出衝突的原因，如何去作改善；更重要的是發展新的生活興趣，經營夫妻新的活動。起先，他們覺得有困難，但在勉力為之的狀況下，他們進步得相當快。那棵大榕樹的拯救行動，給了我在婚姻輔導上新的、生動的啟發。現在，我用婚姻樹的觀念，提出幾點建議，供大家參考。

好的成長環境

結婚是婚姻生活的開始。婚前的熱戀和浪漫想法，在面對婚姻的現實生活時，開始有了新的挑戰。熱戀期無須面對生活上柴米油鹽的必要瑣事，不必面對家庭經濟的負擔，更沒有家事由誰來做，幾點該回家，怎麼與父母相處等等問題。一旦結婚，這些事情都橫亙在眼前。如果兩個人不及時培養負責、包容和溝通，就會出現一些齟齬，留下小小的不方便，慢慢形成芥蒂，影響彼此的感情。

婚姻生活應有的規範和責任就是良田，保持互愛就是沃土，彼此推心置腹就是養料，興趣和幽默是和風，寬容、學習和溝通就是雨露。這些都是好的婚姻成長環境。

好的成長環境要靠夫妻雙方，提供滋養愛情的養料，讓婚姻開出芳香的花朵，結出豐富的果實，永遠不會凋謝。它的關鍵是先付出，再享受報償。

婚姻失敗的根本原因是，彼此想著自己的方便和任性，而疏忽了每天都需要悉心照顧的婚姻樹，等它枯萎凋零，還把責任推給對方。婚姻成功的人，每天作些耕耘，創造對婚姻有利的環境，其中最重要的是感情支持，有持續不斷的感情支持，才能經營婚姻成長的環境。

感情支持是指喜歡對方，視伴侶為好友或密友。彼此喜歡，可以使人常懷自信，避愁解憂。有許多夫妻回顧婚姻生活說，即使兩個人有了歧見而氣到極點，但很快就會峰迴路轉，因為那份喜歡和友愛維護著他們。

感情支持表現出來的，都是生活中簡單自然的事，例如傾聽對方的心聲，有時間相伴或散步逛街，有時候需要對方扮演富同情心的訴苦對象。感情支持當然也表現在一起找點樂子，做喜歡的事，從中培養共同的興趣，並使價值觀拉近。

共同的信仰使夫妻增添許多談話的空間，共同的價值觀則讓彼此有知心的滿足感。

支持配偶在工作和生活上的努力和作為，欣賞對方的優點、能力和意見，能產生親密無間的感情。兩個人在事業和生涯方面，彼此互相支持和肯定，自然有惺惺相惜之感，彼此感情支持的力量也越多。

彼此知心

夫妻相處貴在了解。從觀察中發現，怨偶有很大的比例，是來自不了解。

彼此了解，才有真正的尊重和珍愛；能互相透露自己的希望，說明自己關心的事，才叫知心體貼。彼此了解，作適當的調適，是鞏固婚姻、沃壯婚姻樹的重要關鍵。

互相了解是可以學習的，最普遍的方法是觀察，從日常生活習慣中可以了解對方的興趣和重視的事項。也可以從對方的談吐之中，得知他的價值觀和對事情的判斷方式。當然你也不妨問一些可以揭露對方心意的問題，例如：什麼事你最引以為榮？什麼事你最憂慮？什麼事令你最開心？什麼事令你覺得被愛和重視？

夫妻要在很自然的聊天方式下，去了解對方。請注意，對方所說的答案，沒有對和錯的問題，因此，你不能批評對方，更不宜嘲諷，或為答案起爭辯。這種談話若能在支持的氣氛下進行，更有益於彼此了解。

一位受創而沮喪的女士說，先生根本不了解她，只顧逞自己的性慾，把配偶當發洩工具，而使她深陷委屈痛苦。你未必事事都能滿足對方，但你得便辦得到，就應該作回應。其實，夫妻親密關係所需要的，都是日常生活上的事，只要你留意給予，就能珍串出感情世界的閃亮明珠。

共同為將來努力

要讓婚姻樹長成什麼樣子，即是你們共同的願景。有共同的目標和期待，會使婚姻生活有方向，從而孕育向心力和凝聚力，共同為將來打算，為將來努力，能有更多交集和希望，從而孕育親密與合作的氣氛。

不要只想自己，不能只考慮你的自我實現，要考慮彼此共同實現。有許多成功的夫婦，在每年的年初，總會坐下來討論他們的未來計畫，一起規劃該做些什麼，商討接下來一年或幾年後的事，可使夫妻有著永遠在一起，互相交心的感覺。

別忘了灌溉婚姻樹的重要性。如果你們為未來努力，是在透支現實生活的幸福，那就得留心了。婚姻專家總是告訴我們：事業和成就並不與幸福的婚姻等值。夫妻努力發展事業是對的，但不能捨本逐末，去傷害婚姻和家庭生活。

我們是為了幸福的生活才工作，不是為了成就而犧牲生活的幸福。

適應生活的變化

婚姻樹會隨著四季變化，所以你該知道什麼時候施肥，什麼時候剪枝。其他經常性改變如乾旱、強風和豪雨也在所難免，所以必須悉心照顧才行。

生活是無常的，如何攜手面對環境的改變、現實的挑戰甚至意外事故的發生，是夫妻必須面對的習題。先生可能因為工作的需要，必須遠赴外國工作，該怎麼適應；經濟不景氣，被裁員失業了，怎麼共度難關；夫妻的一方因為工作壓力，必須辭掉工作，改行重新開始，又怎麼互相協調……這些都是考驗。

請記得適應變化是生活的必然。面對環境的變化、社會的變遷、經濟生活的改變，一定要同心協力，互相支持，而不是互相責備和推卸責任。夫妻若有一方生活或工作發生變化，而另一方拒絕適應，婚姻就不可能快樂美滿。民國八十九年，秀真榮調到高雄擔任高雄高等行政法院院長，她徵詢我的意見，幾經考慮，我認為這是她工作的變化，也是她生涯上施展抱負的機會。我同意她的決定說：「我捨不得妳去，但我支持妳去，因為妳有這個必要。」雖然我們各忙各的，但還是適應了新的生活。我們安排相聚首的時間，約定國外演講旅行，或者在週末約到台東、花蓮相會。

適應變化往往也是一種創造，甚至因此更珍惜彼此之間的感情。適應變化的過程中，即使只是小小的不方便，小小的摩擦，小小的不滿，請注意，一定要誠心商談，作必要的調適。每一次成功的調適，都會增加信心和向心力，因為他們漸漸培養出更好的解決問題能力。

信守承諾

婚姻樹必須信守承諾去照顧。願意與配偶永遠廝守，就是一項承諾。承諾要在生活中表現出來，它是行動不是語言，是體驗而不是認知。生活不可能時時刻刻都順遂快樂，當夫妻面對挑戰或有不愉快的時候，就會發現承諾非常重要。承諾使婚姻延續，對承諾的實踐產生美滿和幸福。

每一對夫妻都要合力照顧他們的婚姻樹，把它照顧好了，就能庇蔭家人，就能嚐到幸福美滿的果子。請注意，這棵樹不榮即枯，疏於照顧的結果，就會自嚐惡果；悉心共同照料，就能繁盛不衰。

3 牽手相愛

相愛不是從天上掉下來的運氣那麼浪漫，它需要學習，需要培養有能力的愛，才能使夫妻生活過得幸福美滿。它的要領是：接納、溝通、時間和誠實，它的本質是互相照顧、負責、尊重和了解。

人是很容易感到寂寞的，因此需要相愛。透過夫妻牽手，克服寂寞和孤獨的先天焦慮；透過互相給予，產生生命中主動積極的力量。成熟的愛是一種能力，它的本質是給予。在相互的給予中，彼此的精神力量得到溫暖和成長。

相愛就是互相給予，在給予之中體會到自己的力量、富饒的意義，這種豐富的生命力，使自己覺得喜悅。這是精神力不斷提升和成長之路。相對的，當自己也能得到對方的愛和給予時，卻有著溫馨和滿足。夫妻牽手之愛，不只是婚姻幸福之所繫，也是個人精神成長的關鍵。

愛的本質是給予，給予是把生命中活潑生動的東西，拿出來一起分享。把自己的喜悅、興趣、關懷、了解、知識、幽默和財富，與對方分享，與家人分享。透過有能力的愛，能喚起對方的愛；相互呼應，則能締造幸福豐厚的婚姻，締造快樂健全的家庭，培養健康的下一代。

愛需要學習

愛需要學習，它是人生最重要的功課。心理學家佛洛姆認為愛有四個因素：照顧、責任、尊重和了解，愛的學習就是在這四方面反省和體驗。照顧是主動關懷彼此的生活、成長和生命，關懷身心健康及幸福，關懷感情和心靈的需要。責任是主動回應對方的需要，你的事如同我的事，彼此休戚與共，隨時都準備幫助對方。尊重是依照對方的樣子來認識他，照他的需要、本質和個性來幫助他，而不是強制對方，照「我的」意思去做；真正的愛是讓所愛的人，依他的特質成長與發展，而不是依我的方式成長和發展。你不能代替他成長和發展，只能從旁協助和鼓勵，讓他走出更好的路。了解是指知道對方的需要，彼此將心比心，同時需要豐富的知識，才能幫助對方。

簡單的說，相愛是一種能力，而不是只有墜入浪漫的愛情；它的本質是給予，幫助對方走出他們的幸福之路。相愛需要學習和歷練，其內容是照顧、負責、尊重和了解。

我對於情愛的認識，始於和秀真談戀愛。我們經常在校園散步，一起在圖書館念書，共同討論佛洛姆所寫的《愛的藝術》（*The Art of Loving*，中譯本志文出版）。一個週末的晚上，我們在校園裡散步，討論到其愛的四個因素，大概談得太高興、太投緣，嗓門也就拉大了。當晚回到宿舍，我的室友笑我說：「你們真的是在『談情說愛』，我們駐足傾聽，也分享到有能力的愛。」

這些年來秀真和我經過不斷學習和歷練，實踐相愛的藝術，無論在婚姻、家庭、事業和教育子女上，都啜飲著它所啟發出來的芬芳。現在我們結婚已超過三十年，經常有人請我們為新人證婚、致賀詞或作婚前諮詢，我們總是樂於把相愛的藝術，帶給新婚伴侶們，祝福他們能同飲愛的醍醐。

接納對方

相愛建立在互相接受或接納的基礎上。婚姻伴侶來自不同的家庭，性格、價值觀念、生活習慣不免有所差異，結婚之後需要一段時間的學習和調整，才能完全適應過來，甚至有些性格特質，很難改變，例如性子急等先天的特質，更難撼動。因此，相愛必須建立在接納上，肯接納就能建立持久的情愛，不肯接納而互相挑剔、抱怨和批評，就會造成更多怨懟和敵意。

彼此接納就會互相尊重。觀察怨偶或婚姻破裂的起因，往往不是什麼大問題，而是小事情日積月累形成的。其中最主要的因素是不尊重所引起的輕率、批評和藐視，從而變得怒目相視。他們在鬧開的時候，總是說「我無法接受對方」；而不肯接受和尊重對方，往往是雙方都有的問題。因此，互相接受，把握現有的一切，珍惜它，必能從中締造幸福。

只要你肯接受對方，創造互相了解和體諒的環境，就能相愛，就能孕育彼此的善意，為你們的感情加分。剛墜入愛河的人，對於對方某些行為習慣，覺得無傷大雅，但結了婚之後，必須一起生活，如果不學習包容和體諒以面對現實，兩個人又怎麼相處呢？

接納對方，不吹毛求疵是夫妻融洽的要領；尊重對方，發掘對方的優點、長處和潛能，給予鼓勵和欣賞，反令對方得到信心和自尊，而樂於改變自己。

情意溝通

溝通是維繫相愛最關鍵的行為。溝通不是談判，不是說服對方，更不是各說各話。溝通是互相對話，並通達彼此的情意、觀念和知識，形成新的了解，啟發共識。溝通時，你必須是一位好的說話者，能夠把想說的說清楚，同時也是一位好的傾聽者，能支持對方，讓他願意說下去。《愛・被愛》（*Loving Each*

Other，中譯本遠流出版）一書作者，也是心理學家的巴士卡力（Leo Buscaglia）對情意溝通，作了極精闢的建議：

- 用行動和言語告訴配偶我愛你；不要假定他已知道，別難為情，誰都需要這種殷勤。
- 在配偶把事做好時加以恭維，在失敗時予以打氣，誰都需要心理支持。
- 碰到情緒低落、寂寞或遭到誤解委屈時，要告訴配偶；而身為配偶要懂得安慰和傾聽對方的心情。
- 傾聽對方說話，但應避免下斷語和批評；那是他的體驗，你可以分享你的看法，但不能否定他的看法。
- 讓別人知道你重視配偶，公開表示相親相愛，並引以為傲。

相愛建立在溝通上，透過情意溝通，彼此更深愛對方。情意的溝通不全是語言的表達，它更需要行動和肢體語言來搭起橋樑。

時間即是愛

培養愛情需要時間，相愛的人更需要時間在一起。你愛你的配偶就得有時間相聚，愛你的父母就得有時間陪伴，愛工作當然得有時間讓你揮灑表現，愛你的子女更要抽出時間陪伴、教導和歡樂。

夫妻相愛必須騰出時間。對於現代人而言，常為了工作而異地分居，相處時間太少，會帶來焦慮、思念和擔心。短時間的離開，或許還有小別勝新婚的新鮮，長時間異地而居，則要有適當的安排。時間是安排出來的，花時間鞏固夫妻的情愛至為重要；千萬不可以因為經濟和工作因素，而疏略夫妻之情愛。

兩岸經濟互動，導致許多台商必須長留大陸，夫妻異地而居，動輒半年一年，情愛的孤獨可想而知，於是常有婚變和疏離的怨偶，不但影響婚姻，更影響子女的成長。我認為企業界必須重視夫妻聚首的大事，要協助員工安排相聚團圓。兩岸直航的考慮，會拯救許多夫妻和家庭。

絕大部分的夫妻是同居相聚的，因而人們多半認為：天天都見面，也沒有什麼特殊的感覺。但只要你離開一、二週就會想家，就會孤獨和寂寞起來，可見夫妻同居的重要。

夫妻每天應安排時間相聚聊聊，這有助於增進情愛和向心力。秀真和我結婚三十多年來，每天夜裡十點鐘左右，總要沏一壺茶，清閒地說話，天南地北的聊聊。孩子們在還沒有獨立之前，也會過來陪我們敘敘一天的趣事。切記，時間是感情的舞台，感情則是時間這塊畫布的彩料。

誠實相待

夫妻彼此的信任和安全感，建立在一個前提：我所愛的人會對我誠實。因此安全感和互信，會因為欺騙而開始動搖；原來穩固的婚姻，也會因之破碎。

夫妻彼此不說真話，就不可能有信賴。在感情生活上撒謊，會導致糾纏不清的猜疑；感情上誠實，就不會有婚外情。感情越是單純，彼此的互動就越親密；過於複雜和欺瞞，猜忌和心防就越重，離心離德的事很容易發生。

在經濟和財富上越多隱瞞，防衛和猜疑心就越強；共同經營家庭經濟，財務公開，容易同心同德。夫妻之一方隱瞞自己的財富，不為對方所知，彼此隔閡會漸漸增加。此外你的事業可以保有獨立性，但你的經營狀況，卻不能不讓配偶有知的好奇和關心的餘地。

說真話不是憨直，必要時要保持婉轉，用愛意去表達，總比像審判裁決來得恰當。雖然我們必須承認，每個人都可能有不說真話的時候，那是為了保護對方，作了善意的規避或省略。不過，假如你希望愛情持久、鞏固，一定要把誠實和信賴視為永恆的目標。只要你用愛心去對待配偶，沒有什麼不可以婉轉相告的。

誠實對夫妻的性生活一樣重要，如果你假裝在性方面得到滿足，效果可能適得其反。如果你不願意告訴對方「我喜歡／不喜歡這樣」，或者「現在我覺得很好／不好」，配偶又怎麼得到鼓勵呢？誠實不只是夫妻相互信賴的根本，同時也表示願意面對真實，解決問題，促進彼此的成長和真心相愛。

夫妻的關係，台灣話叫「牽手」，意思是說他們會永遠相愛，永遠相互提攜。然而相愛不是從天上掉下來的運氣那麼浪漫，它需要學習，需要培養有能力的愛，才能使夫妻生活過得幸福美滿。它的要領是：接納、溝通、時間和誠實，它的本質是互相照顧、負責、尊重和了解。

4 交心之道

觀察幸福的夫妻，發現他們有以下幾個共同點：
能克服自我中心、有福禍與共的態度、
彼此欣賞與容忍、願意換個角度想想以及重視配偶的需要。
他們都是交心高手。

夫妻能夠交心，就能建立豐厚的感情，永遠深愛對方。交心表示他們能分享生活，互相尊重，彼此扶持，願意為共同實現而努力。交心的人不會寂寞，彼此的默契多，懂得互相欣賞和肯定。

任何人都希望得到關懷，你能及時關懷配偶，彼此就會交心。誰都需要得到肯定和支持，你若能適時肯定或欣賞配偶，彼此就會成為知心的伴侶。每個人都希望獲得成功，如果你願意協助配偶獲得成功，或完成手邊在做的事，你們就能成為交心的知己。

彼此交心能產生深厚的愛情，孕育共同的人生觀和生活態度。交心使信任感增加，有更好的人際互動，交談也變得動人、喜悅和具啟發性。夫妻不能交心，就像失去水份的蔬果，吃起來索然無味。尤有甚者，不能交心時，爭吵在不知不覺中爆發，很快就發展成不可收拾的局面。不能會心很容易造成敵意、對立和衝突，交談時往往是抱怨和爭吵。例如妻子指摘先生說：

「你從來就不帶我去旅行，你根本不關心我。」

丈夫這時諷刺地說：

「要是你打扮得像樣一點，也許還帶得出去。瞧你那黃臉婆的邋遢模樣，見得了人嗎？」

太太也不甘示弱的反唇相譏：

「憑你賺那一點錢，家用都不夠，哪來的錢買衣服打扮？嫁給這樣不爭氣的男人，只有自認倒楣。」

兩個人互相傷害，給對方難堪，接著就會越鬧越大，想交心都很困難。

我由婚姻輔導經驗中發現，夫妻能彼此交心，是幸福婚姻的關鍵。因為婚姻生活中，有很多現實必須面對，有很多問題待解決，唯有能交心，他們的想法才有交集，感情才能凝聚，生活才會有愛、支持和力量。至於怎樣才能彼此交心呢？觀察幸福的老夫妻，可以發現以下幾個共同點。

克服自我中心

夫妻能夠交心的第一個條件，是兩人都願意放棄自我中心的意識型態。自我中心的人，凡事只就自己的利益或方便考慮，不能考慮到配偶，去形成共同實現的婚姻生活。

人在未結婚之前，可以講究獨立自我，或者強調自我實現。一旦結了婚，就必須重視共同實現，因為幸福婚姻是兩個人的事，而不是由一個人去指使另一個人。當夫妻兩人願意放棄自我中心，共同面對和安排婚姻的生活時，他們開始有了共同的目標、共同的價值觀念和共同的創意。

克服自我中心的傾向，表示自己更能理性的思考，把事情看清楚，知道怎麼做最好，而不是以自己的好惡、任性和不講理，去處理彼此的事。夫妻的有效溝通就建立在這個基礎上。兩個人是否覺得說話投機，彼此合緣，端看兩人是否願意放棄自我中心的意識。

人越是不安全感，越容易陷入自我中心。如果兩人衷心的互愛，彼此關懷和照顧，安全感就能培養起來。這時自我中心自然剝落，溝通與分享就不會有困難，夫妻的恩愛和幸福會充份的流露。

提醒自己，是否還停留在自我中心的窠臼裡？你務必要跳脫出來，代之以理性思考和寬闊的理解。

福禍與共的態度

其次，夫妻是福禍與共的。一位企業界人士說，當他因為心血管疾病，生命垂危，他的夫人放下工作，為他安排治療，全心全力地照顧他。終於讓他有所覺悟：

「那時我覺得自己就要死了，想到夫妻福禍與共，真後悔由於忙著事業，和妻子相處得不夠。當下我立誓如果還有機會，以後要多花時間與太太相處，珍惜夫妻之情。現在，我們每天無論再怎麼忙，都會找出時間相處；我們心裡只有對方，覺得天天都彌足珍惜。無論在事業、生活和感情上，我們因為福禍與共，而更能交心、分享、鼓勵和安慰。」

夫妻有了福禍與共的認識和打算，彼此就能夠真正交心。他們有一致的目標，價值觀容易協調，合作與行動力都變得有效率，彼此起紛爭和衝突的可能性則大為降低，無論在事業或家居，則有十足的默契。

我和秀真結婚時，手頭拮据，婚禮時送給她的金飾，是借錢買來的。完婚後的第二天，她提議把金飾賣回給銀樓。她說：「我們早已相愛，信誓終身相伴。金飾只是象徵金石之約，如今婚禮已經完成，不如把它賣了，無債一身輕的好。」

她的誠意感動了我，從那時起我們彼此更能交心，更珍惜這份誠摯真愛的婚姻，也營造了更多溫馨和幸福感。交心不是一個觀念，而是一種行動；交心不是需索對方給自己什麼，而是透過給予所激發出來的愛與活力。

欣賞與容忍

其三是欣賞與寬容，使夫妻有更好的交心。每個人都需要別人的欣賞和讚美，夫妻之間更是如此。透過欣賞可以感受到更多的愛與健康的自尊，透過讚美可以建立彼此的信心和互愛的勇氣。缺乏互相欣賞和讚美的夫妻，就像寒冬中的植物，長不出花和嫩芽。我遇過一對夫妻，他們雖然富有，卻潛藏著失和的危機。女主人看來是能幹的，但卻經常在子女面前奚落先生。她給先生取個綽號叫木頭，只要丈夫略表意見，她就對他作鬼臉，跟子女交換諷刺的臉色。先生的意見、舉止和穿著，經常成為被嘲笑的話題。

於是，他們的婚姻關係越來越緊張，對彼此充滿敵意和對立，甚至引發嚴重的衝突。妻子在背後批評先生，先生轉向別的女子吐苦水，漸漸發展成婚外情。他們競相向親友吐苦水，互揭瘡疤；他們看到的全是彼此的缺點，對方所有的優點都消失不見。

世上沒有一個人是十全十美的，也沒有一對夫妻是完美無缺的。放任彼此爭吵、諷刺和衝突，沒有配偶能白頭偕老。因此，如果有什麼缺點，既然改變不了，不妨包容它或一笑置之，否則便會小事變大，增加更多誤解。要學習幽默和練達，琴瑟自然調和。如果先生頭髮開始掉落或斑白，千萬不要批評他、取笑他；如果妻子中年發福，腰圍變粗，必須告訴她豐滿也很漂亮，他仍然深愛著她。

每個人各有優點和缺點，但優點一定比缺點多。許多人執著在挑剔缺點，而疏於欣賞配偶的優點，以致自尊受到傷害，婚姻品質受到影響。

只要你稍作留心，就能欣賞到配偶的許多優點。當先生幫忙做一些家事，太太不要忘了恭維；太太煮出一道新的菜餚，先生要懂得欣賞和品味。夫妻是在彼此鼓勵中成長，互相欣賞中覺得自己重要和幸福。欣賞和讚美就是交心，彼此交心自然發展出更多欣賞的眼神。

換個角度想想

交心的第四個方式是換個角度為對方想一想。每個人的角色和立場不同，對同一件事情的感受和解釋就不一樣，夫妻當然也不例外。因此，如果不試著站在對方的角度著想，彼此對事情的想法，有可能南轅北轍，從而引起爭辯和吵架。不過，如果你學會從對方的角度著想，就不會堅持己見，而採取超然的態度看問題。一個怒氣沖沖的太太指責先生說：

「你知道你對我媽誤解有多深嗎？她對我們那麼好，你卻把她當作像魔鬼一樣的難纏。」先生聽了之後說：

「這又何從說起呢？只要有一點點腦筋的人，都看得出你媽是多麼令人頭痛。」

這場爭吵可以鬧得不眠不休、面紅耳赤，甚至可以吵到兩敗俱傷。不過懂得換個角度想想的人，就能接受不同的觀點，平心靜氣的說：「我媽雖然對我們很關愛，但真的很難纏，這些日子以來，你能包容她，可真辛苦了你。」這麼一來兩個人就會心了，就能溫馨地交談下去。

如果你的配偶會這麼想：「他是我的好伴侶，他看到我看不到的，我也看到他看不到的。我們從中找出全新的觀點，既不全是他的，也不全是我的，我們各自保有自己的觀點，但也接納了對方的觀點。」那麼，你們已經成為交心高手了。

重視配偶的需要

交心的第五個要素是重視配偶的需要。重視配偶的需要表示自己能給予對方幸福，願意為配偶負起責任。責任在婚姻關係中，能激發極強的活力和癒合力。它使衝突化小，使歧見變少，使敵意和偶然的創傷，得到撫平和痊癒。

只要你多留意配偶的需要，重視它，予以必要的關心和回應，就能真正交心，創造愛情和溫馨。了解對方的需要，作適當的給予，是婚姻生活中最重要的事。請注意，愛的本質是給予，而不是佔有，針對配偶的需要予以回應，是愛情永固的關鍵。不論你辦得到或辦不到，你都該作回應——辦得到的你該給予，辦不到的則應表示自己的關懷。

我認為婚姻的幸福，源自彼此的會心。透過會心，兩個人才能溝通和交流，從而創造溫馨和喜樂。有會心才有恩愛，有會心才能相互支持和肯定，展現成功的人生和幸福的婚姻。

5 培養默契

婚姻是夫妻一起面對感情生活、經濟生活、社會變遷和種種生活的調適。兩個人若缺乏默契，則不容易產生共識；若不能相互了解，就很難步履同調。因此，婚姻的幸福與成功，要著重默契的培養。

夫妻間的默契好，生活就幸福美滿。他們因為有默契所以彼此知心，能同理就容易形成共識，有敏銳的感應力因此親密無間。默契越多，彼此享有的自由越多，互信也越強。

夫妻間的默契就像團隊的默契一樣，是培養出來的，不是自然就有的。培養默契需要一段時間，因為它建立在彼此的了解上。研究指出，婚後四年如果沒有建立好的默契，婚姻生活會有很大的弱點。

觀察怨偶的互動，惹毛對方的頻率，要比一般夫妻高，至於幸福愉快的婚姻，夫妻互相惹惱的頻率則很少。默契是團隊致勝的關鍵，對於夫妻而言，則是他們幸福成功的基礎。

從婚姻諮詢中觀察到，容易衝突的夫妻，因為缺乏默契，在談吐、應對和表情上，有明顯的差異和緊張氣氛。他們彼此看不慣對方的舉止，禁不住要加以糾正或制止，甚至當場劍拔弩張。要不是在我的面前他們可能早已經槓起來了。當然，做為婚姻的協助者，也就借力使力，要在這緊張互動中，協助他們看清真實，學習解決問題。

從專業的角度看，夫妻要建立彼此的默契，需要經歷磨合和學習。茲就培養默契，提出以下建議。

價值觀的磨合

夫妻兩個人的價值觀未必完全相同，面對相異之處，要在異中求同。有些人以新潮的態度說：「我們互相尊重，無須異中求同。」理論上雖說如此，但現實生活中常常被迫要作選擇，如果沒有妥協的過程，日子久了，忍讓多了，就會心生不平。

要維繫感情和默契，雙方的價值觀、文化背景、志趣、宗教信仰和生活方式等等，必須相若才好。這些事情在熱戀時容易被掩蓋或忽略，但是在結婚之前最好能做一些反思和檢查，因為若彼此相差太大，連磨合都會有困難。研究發現，情侶彼此價值觀不同的有三分之一告吹，成婚者之中價值觀不同的，離婚收場和婚姻不美滿者各佔三分之一。

不過，既然成婚就得努力培養共同的價值觀。一對幸福美滿的老夫妻，先生信仰佛教，夫人信仰天主教，從年輕開始信仰就不同。但他們學習在異中求同，老先生說：「我們都是有信仰的人，只不過她上教堂，我上佛堂。她作她的晚禱，我作我的日課。我們的價值觀念相同，都是有神論，都認為宗教信仰很重要。」我問他們：

「會不會因為宗教不同而起爭執？」老太太說：

「我們互相欣賞和尊重不同的宗教信仰，各自找到自己心靈的歸宿。」他們真的白首偕老，從他們的談吐中，你可以看到更高層次的共同價值觀念。

夫妻之間的價值觀念，不會完全的相同或相異，重要的是異中求同，並在生活中建立共同接受的新觀念。包括一起參加進修、閱讀、聽演講、參加活動等等。避免站在原點不作調適，要踏出去學習新的、共同的價值觀；共同參加的活動越多，新的共同價值觀就容易建立起來。因此，夫妻參加對方職場上的應酬、社交、旅遊等活動，是培養共同價值觀的一環。

有共同價值就能產生好的默契，有共同的活動就能熟悉和了解對方的想法和態度，而無形的默契，就在這其中漸漸孕育出來。

親密的互動

夫妻的人際互動良好，默契自然十足。夫妻的人際互動首重建立親密感：

配偶相依相伴，對女性會更感幸福，對男性則孕育自信和堅毅，進取心也比較高。親密的第一個特性是互相依賴。如果你願意付出，讓對方在某方面有依賴感——比如說一方善於作菜，一方善於洗衣燙衣，分工合作，又互相支援——上班族夫妻就形成互相依賴；如果太太是家庭主婦，那麼多費神做些家事，先生上班負責家計，也要明白太太正是他的依賴。彼此互相感恩，互相扶持，那就會親密，就會有默契。

其次夫妻融洽相知，全靠肯花時間相處，願意聽對方傾吐心曲。配偶之間能坦誠相向，願意傾聽，彼此有機會表白心聲，讓對方知道自己心理的感受，都可以產生相知相惜，培養親密和默契。請注意！傾聽就是傾聽，它代表著接納對方，大部分的傾聽無須作批評，不需要作建議，除非對方問你的意見。傾聽對方訴衷曲時，無論你採取批評、建議或規勸，都暗示著對方沒有能力面對問題，這使他覺得很不是味道，久之就不願意向你傾訴。傾訴心曲之門，就是這樣關閉起來的。因此，彼此都要懂得判斷或有技巧地問對方：「你想要我提出意見嗎？」如果他只想讓你分享心境或成就感，那就支持他說下去，聽下去你也能有收穫。傾聽可以帶來親密，孕育更多默契。

夫妻之間爭執難免，意見不同是很自然的事，但如果情緒激動，引發抨擊和諷刺，就會製造更多憤怒和敵意。因此，夫妻要保持和氣，注意不用語言激怒對方。

處理爭執時人們最常犯的錯誤有三：其一是拒絕溝通，例如「這件事沒什麼好談」，這是很傷感情的錯誤舉動；其二是鄙視對方，例如「我早看穿你在想什麼」，這是對伴侶的貶抑；其三是批評和冷嘲熱諷，例如「你會進廚房作菜，太陽都從西邊出來了」，這使對方自尊受挫。夫妻有了爭執，要避免這類反應。

感情深厚的夫妻，在爭執時仍會維持和氣，保護對方的自尊，他們避免亂發脾氣傷人，盡心想出妥協或解決問題的方法。夫妻如此處理爭執，就會有好的默契，時日既久，連爭執都不會發生。

互相信任與了解

默契當然必須建立在互相信任與了解上。夫妻互相信任，彼此擁有的自由度高；兩人更多互相了解，彼此的互動和默契就更好。

信任是指夫妻的一方，對其配偶在感情、經濟、能力和生活習慣上的表現，具有肯定和信任感。其中以感情的信任最為重要。一般而言，感情融洽並已建立互信的夫妻，對配偶優點的評價，要比本人所作評價高。因此，感情上的信任，顯然要比其他方面的信任重要。

信任是需要時間考驗的，它不是甜言蜜語能換取得來。對伴侶不忠，傷害夫妻感情最大。因此，在結婚後就要嚴守分際，避免婚外情。從實務中觀察，一方有了婚外情，婚姻以分手收場的機會大大增加。此外，婚外情對配偶的折磨也是很殘酷的，最後災難還會波及子女和雙方父母親。其實，這對當事人也構成嚴重困擾，甚至到了老年，才更覺苦惱的例子，也屢見不鮮。

保持在感情上忠貞不二，同時知道對方也會相信自己，對於生活中的小差池，具有消毒的作用。所以培養忠貞不渝的互信，是維護彼此愛情永固的核心課題。

知道對方值得信任，是從婚姻生活中認知得來的，所以婚姻的磨合階段，信任和了解特別重要。我們未必喜歡配偶所有的習慣和性格特質，但只要彼此信任，這些都是可以包容的。

信任不但可以為彼此帶來安全感和幸福感，還可以令你享有行動的自由。當彼此無須懷疑或擔心時，安全感開始容許這對夫妻，擁有自我的權利和揮灑的空間。於此要特別強調，信任不是建立在請求對方信任，而是在生活中，用行動證明你是可靠的。

夫妻互相信任，締造了一隻自由、聰慧和幸福的共命鳥。

信任是婚姻幸福的催化劑，它使彼此的事業、健康和子女的成長同時受益。好運之神，總愛降臨在互相信任和了解的夫妻家裡。

學習互補

夫妻雙方的學識和經驗不同，透過彼此肯定和欣賞，不但有助於事業的發展，兩人也容易形成互補，增進彼此的親密關係。一個人不足的時間、精力和智力，透過配偶的適時補強，會增加許多能力，讓工作和生活更順遂稱心。互補是婚姻生活中很重要的默契。

分工合作是最重要的互補方式，太太有要事走不開，先生會設法補位接孩子回家；先生抽不出時間，太太可以把該辦的事接手過去。這樣的夫妻生活，既增加彼此的依賴和穩固之情，同時也培養了更好的默契。

夫妻雙方都各有長處和優點，鼓勵它，欣賞它，就會被發掘出來。夫妻結褵，時間越久彼此會越能幹，同時越覺得貼心。

此外，在個性上也可以產生互補。一對很幸福的夫妻說：「先生精於他的專業工作，我善於理財和安排生活；我依賴他，他也依賴我。所以我們生活得幸福。」培養對方所缺乏的能力，讓自己可以和配偶互補，是經營默契的簡捷辦法。

幸福的婚姻，是夫妻一起面對感情生活、經濟生活、社會變遷以及種種生活的調適。兩個人若缺乏默契，則不容易產生共識；若不能相互了解，就很難步履同調。因此，婚姻的幸福與成功，要著重默契的培養。默契不是天生就有的，它需要一段時間去體會和學習，才能摸索出訣竅。

6

溝通的箇中三昧

夫妻溝通要保持單純的心，不要用複雜的心機對付對方。夫妻間要就彼此本身的樣子來相愛，而不是照你心目中理想的樣子來期望；互相接受才有愛和自尊，互相欣賞才有信心和生活的樂趣。

婚姻的幸福在溝通，它的失敗也在溝通。好的溝通模式和技巧，不但促進感情的交融，而且能消除彼此的歧見；破壞性的溝通行為，不但會造成離心離德，爭吵不停，甚至導致婚姻的破裂。

許多人把溝通解釋為說服對方，或者商量家務事。事實上大部分的家務事不需要什麼溝通，真正的溝通應該是感情、意見和觀念的共識。嚴格說來，動腦筋增進夫妻感情是溝通，維持彼此主動和進取的活力是溝通，不干涉對方的工作是溝通，不辜負眼前一刻而能彼此尋歡作樂也是溝通；魚水之歡是溝通，一起做家事、陪孩子成長、燒得一手好菜、拓展新的興趣和新知都是溝通。

不要把夫妻的溝通窄化為條件交換和妥協而已，而是積極地開拓夫妻的感情、見識和視野，這樣兩個人就能不斷成長，適應社會的種種變化，創造彼此之間的生活，保持更多喜樂。夫妻之間的溝通至少包括語言、表情、肢體和心靈上的互動。其互動的結果應能產生：

- 感情的交流，領受到愛、溫暖和喜樂。
- 知性的啟發，讓彼此的心靈得到成長。
- 胸襟和人生視野的開闊。
- 興趣的涵冶和快樂的心情。
- 悠閒或閒聊的輕鬆感受。

彼此之間的互動，如果沒有達到上列任何一項目標，那麼溝通就是落空。

溝通之後若反生更多緊張、對立和敵意，甚至危及婚姻，那就是失敗的溝通。

危險的惡習

觀察夫妻間的互動，有兩種惡習嚴重障礙彼此的溝通。其一是把溝通的平台拿來當取勝的角力場，為了贏而忘了溝通的目的；他們從爭吵到交惡，只為了壓過對方而不想怎麼解決問題。犯這種毛病的人，通常很執著於自己虛假的自尊，最後即使吵贏了還是輸，他們的婚姻關係沒有獲得改善，感情和智能沒有提升，生活的品質也一敗塗地。這在〈爭吵的藝術〉一章，會詳盡敘述。

第二個惡習是相斥，亦即有一方習慣挑剔和輕視，另一方則採取防衛和退縮。夫妻兩人都偏好取勝，彼此互相批評、抨擊、賭氣，雖然容易大吵特吵，但只要不會過惡，只作短暫爭執，婚姻受創並非嚴重；如果持續交惡，互相報復和攻訐，才有破裂的危險。至於相斥則不然，它有兩種力量相互排斥，很容易使婚姻破裂或毀損。

例如甲太太經常挑剔先生：「你嫌菜不好，我買的東西品質差，你以為我不懂得買好東西吃，買漂亮衣服穿嗎？也不想想你一個月賺幾個錢，那是你沒出息，不是我不會料理家務。」隔不久談到政治問題，先生對時局作了評論，太太卻在這時澆冷水：「你那麼行，為什麼不去選議員？」接著冷冷的說：「光說不練，真沒出息！」一次又一次，太太在話語中輕視、瞧不起先生，先生也漸漸覺得婚姻有問題，他忍氣吞聲，保持低調。

在婚姻諮詢中先生表示：「有時候我跟她說話，她連理都不理睬。那時我會很生氣，跟她大吵一架。我們沒有笑聲，沒有性生活。後來，我索性睡在沙發上。」先生自己覺得天天受辱挨罵，在家裡坐冷板凳，於是開始他的防衛行為，開始退縮；他也不願意跟太太交談，家庭陷入冷酷無比的寒冬。

太太方面卻認為先生懶惰又邋遢，東西亂放，髒衣服亂丟：「我並不嫌棄他錢賺得少，我骨子裡想的是他為什麼不肯配合？只要他稍作配合，表示對我的愛，我就不會借題發揮，諷刺他或挑剔他。」兩個人的晤談，看出他們緊張互動的現象。

他們之間災難的爆發，在接送孩子上下學的爭吵上，那一天太太在孩子面前又把先生數落一頓。當天他默不作聲，孤身回去住在父母家，決定分居。這是他們尋找婚姻諮詢、接受輔導的原因，而為他們安排的正是他的父母親。

他們接受輔導時，學習辨識互斥的現象，了解一方的挑剔和輕視，加上對方的防衛和退縮，會造成嚴重的後果。他們也學習把事情弄清楚，不宜採取借題發揮的模式。當然還要學習，取勝的鬥爭，無論進攻或撤守，都是失敗。

他們在學習期間，又發生一次爭吵。太太在用過晚餐後擦地板，她說：「我擦地板，你該去晾衣服才對。」先生大怒：「你擦地板就可以這樣頤指氣使嗎？」於是陷入對罵。當晚，他收拾了衣物，又要回父母家住：「我再也不回來了！」他說。就在這時，太太冷靜地走過去，很委婉地攔住他：「請你不要走，我需要你。」他們開始學會逃出惡習。

在諮詢和輔導之中，可以看出夫妻的交惡，大半來自糊裡糊塗的敵意，未面對真實的借題發揮。然後，落入兩個惡習，其一是死心爭到底，其二是互斥的性格特質。如果你能認清它，不要被牽著鼻子走，溝通的效能就大大提高。

溝通的心理

夫妻交談的時間減少，或沒有機會談心，原來情話說不完，既親密又溫馨的氣氛，會漸漸消失。過度忙碌的夫妻因缺乏時間交談，而逐漸造成隔閡和疏離，這是很值得現代人重視的問題。要想改變這種彼此疏遠的現象，就得注意以下的建議：

- 每天抽出時間好好談心，盡情表達柔情蜜意，分享一天的工作和感受。聆聽對方所說的話題，並拋出問題，讓彼此自然的交換意見。
- 說話的內容無須特別挑選，即使是無關宏旨的話題、個人的謬論，只要你們互相傾聽，互相欣賞，都是交談時很具趣味性的內容。當然，在輕鬆的氣氛下，也比較能觸及工作和生活上的話題，彼此更多了解。

● 保持進步和吸收新知；除了家事、孩子和柴米油鹽之外，要發展新的興趣和活動，沒有新意的談話容易疲乏。

● 交談不是在盤問，如果跟配偶說「我們該好好溝通一下」，那是很嚇人的話，會使交談倒胃口。

● 不要把怨恨隱藏在心中，積怨久了，會像火山爆發一樣不可收拾；因此要學會彼此傾吐，紓解情緒。

夫妻交談不必迴避不開心的事，但要穩穩把握不攻擊對方的原則，並表達自己的愛和關心，就能有效溝通。比如先生和女同事有勾三搭四的癖好，或任何一方有待改進的行為，只要把握以下原則就能有效溝通，得到勸導的效果：

● 不要攻擊或挑剔對方的不良行為，但要求積極改進，並具體說明希望改進些什麼。

- 直接答覆對方的指正，不可反唇相譏。
- 談話僅及於事件的本身，不推測動機和個人道德。
- 要傾聽，平心靜氣的說話。
- 對於已改進的部分，要表示欣賞和讚美。
- 避免陷入爭吵，如有爭吵絕不一走了之。
- 注意維護對方的自尊和信心。

這些遊戲規則必須雙方共同遵守，才能產生積極的效用，單方面的隱忍，或拿著它要求、指責對方是無益的。

不可說的話

夫妻之間誠實是很重要的，兩人對忠誠度有懷疑，不再信任，當然影響彼此的感情。夫妻坦誠相待，是婚姻幸福的根本，但彼此之間有些話是不能說出口的，例如：

- 會影響自尊的話不能說。例如一位個子矮的太太問先生：「你一定希望我長得高些對不對？」先生該承認嗎？他最好的回答是：「我要的是妳。假如我要一個身材修長的小姐，那早就跟那樣的小姐結婚了。」
- 會造成疑心的話不能說。夫妻之間最愚蠢的事之一，是把過去和情人相愛的事和盤托出，這具有一定的破壞性。彼此說出自己的性幻想對象也不是好主意。
- 會影響信心的話不能說。批評對方能力差、長得醜、性冷感、沒志氣、缺乏女人味或男人味等等，會破壞彼此的融洽和感情。
- 放棄對方的話不能說。例如提出離婚或分居，甚至拿孩子當籌碼，用破壞婚姻來恐嚇對方等。

夫妻間要誠實相待，但以上這些話不能說；如果你用自認為誠實的態度說它，殺傷力更強。如果有人問我：「夫妻間應否說實話？」我會建議他：「與其討論應否說實話，不如注意在什麼時候，用什麼樣的話，來表達你的愛，以促進彼此之間的成長和生活空間。」

避免糾紛

溝通最大的障礙是爭吵，透過爭吵而衍生許多不必要的糾紛，結果溝通的重心就由解決問題、感情的交流、知性的啟發、悠閒的分享等，轉移到對抗和敵意。然而，為什麼有很多人採取爭吵的手法呢？我想最主要的原因是：

- 想透過爭吵來擺佈對方。
- 這樣我能佔上風，就是贏家，爭到面子。
- 吵贏了我就不需要負責。

●這樣對方才會了解自己。

但是爭吵只能逞一時之快，不能得到真正有利的結果。擺佈對方並不能使雙方關係變好；在爭吵那一剎那贏過對方，佔了上風，但在爭吵過後，彼此的緊張和糾紛更多；自以為吵贏了，責任就在對方，但靠爭吵把責任推掉，就更不能釐清問題和解決問題；以為爭吵可以使對方了解自己，但實際上誤會和旁生枝節卻更多。

溝通之能暢通，就是要避免爭吵和糾紛，更切忌把家人一起拉入爭吵的控制戲碼，那會紛爭不息，困擾更多。

夫妻溝通要保持單純的一顆心，不要用複雜的心機對付對方。夫妻之間是要就彼此本身的樣子來相愛，而不是照你心目中理想的樣子來期待；互相接受才有愛和自尊，互相欣賞才有信心和生活的樂趣。以這樣的愛去維繫彼此的關係，溝通彼此的理念和感情，婚姻才有幸福。

7 感情智慧

感情智慧是學習來的，只要你保持清醒和覺察，將心比心。包括互相了解和尊重以減少衝突，情緒覺察能力的訓練，懂得自我控制激動情緒、感情舉止、金錢和衝動，都是培養夫妻感情智慧重要的項目。

婚姻生活的品質，跟個人的資歷、社會地位和成就無關。才華美貌出眾，不一定就有好的婚姻生活；聰明學問受人稱道，也未必感情生活幸福。決定婚姻生活品質，最主要的是個人的感情智慧。

一位女士在結婚之後，先生逼著她要上研究所，看她的學術報告，批評她的錯誤，挑剔做不好的地方。她說：「我的婚姻生活變成研究所學術討論會，他要指導我，要求我做出他認為有水準的報告。」接著他們生了孩子：「又要照顧嬰兒，又被逼著讀書，還要負擔家事工作，一時我深陷痛苦之中。」先生是受過高等學術訓練的人，但他的感情智慧缺乏，幾乎把婚姻生活給弄砸。

另一位太太只要先生說出不同的意見，就會發脾氣或賭氣；她會把原本善意的建議，解釋成先生對她的批評和挑剔，所以經常為小小的事大發雷霆。先生無可奈何，開始從婚姻現實生活中退縮，每天早出晚歸，很少跟太太說話，彼此分房睡，甚至不一起共進晚餐。他們沒有什麼婚外情，沒有難解的爭執，為什麼把婚姻弄得這麼緊張？為什麼彼此嚴重對立呢？我發現他們需要感情智慧，需要留一點空間，才能把婚姻生活處理得和諧。

夫妻之間應該陶冶感情智慧。別以為感情智慧不能培養，只要你願意，就能培養得出來。幾乎享有幸福婚姻的夫妻都說：「感情智慧是學習來的，只要保持清醒和覺察，就能了解對方的心情；只要保持赤子之心，就有將心比心的感情智慧。」以下是夫妻感情智慧的一些要素，同時也是培養這種寶貴智慧的方法。

了解與尊重

夫妻的感情建立在互相尊重上，有尊重才有愛，有尊重才覺得自己得到支持和肯定，從而領受到溫暖。所謂尊重是彼此互相了解，知道對方的性向、興趣和需要，予以尊重。如果有衝突的地方，應做協調，達到雙贏的目的。夫妻是共命鳥，必須做到共同實現，而非只顧自己。因此在個性上的差異，可以得到包容；在工作與興趣上，能互相鼓勵。

夫妻不可以比較和競爭。兩個不同個性的人，做不同的工作，對家庭的貢獻亦各有不同；既然不同，就不能比較誰有成就，誰對家庭貢獻多。不互相比較就是尊重，它是對人無條件的愛與接受。

尊重表示能體諒對方，無論是在工作、遭遇和心情上，彼此互相了解，懂得支持和包容，所得到的溫愛和相知，能促進相愛相惜，更能增進彼此的親密關係。

夫妻能互相了解和尊重，衝突自然減少。「你知道對方最近工作壓力大，情緒浮躁，就該多安撫，而不是起爭吵。」這是幸福婚姻經驗者共同的肺腑之言。「尊重與了解，往往給我們很大的迴旋空間，並在事後彼此感恩。這種感恩和相知，越來越多，終究會昇華成美妙的感情智慧。」

夫妻之間最大的忌諱，就是得理不饒人。一對享有幸福婚姻的夫妻說：「如果你逮到機會，得理不饒人，猛批對方，不留情的諷刺和嘲笑，那是很缺乏感情智慧的人幹的事。」此外，夫妻之間總有個人的隱私，這些隱私有時是他的沉痛，有時涉及個人的自尊。一方不想說出來，配偶也有所知悉，保持心照不宣，就是一種默契和相知。

此外，支持和協助對方完成工作或人生的抱負，彼此成為互助、欣賞和鼓勵者，亦能增進親密和相知的感情。這種需求對於現代人的婚姻，已逐漸普遍和重要。懂得互相支持、鼓勵的夫妻，往往領受到更豐富緊密的互愛。

情緒的覺察

夫妻生活受彼此情緒習慣影響殊大。容易憤怒，就容易造成衝突和爭吵；傾向於悲觀，自然會走向憂鬱的家庭氣氛。了解自己的情緒，懂得從負面情緒中抽腿，擺脫它的不利干擾，是人生有智慧的大事。

情緒會干擾思考。如憤怒、緊張、性急、厭倦和沮喪，會壓抑積極表現的態度，阻礙創造的思考，影響健康和環境適應能力。夫妻生活中，如果經常摻入這些負面的情緒，而不能覺察，婚姻幸福就有可能被踐踏。一位太太說：「我實在不能忍受，先生一回到家裡就殺氣騰騰，連孩子都噤若寒蟬。」有許多人回到家，什麼事都看不慣，一肚子火氣，罵大罵小，責怪東責怪西。這對家裡的每一分子，都會有負面影響，特別是心理健康受損、人際溝通的障礙、情緒焦慮和緊張的困擾。

人很容易用情緒來解釋所遭遇的事，一方表示憤怒，另一方會解釋成你鄙視；一方沮喪不說話，對方會認為你瞧不起他。因此，如果雙方不覺察自己的情緒，而作些調整，夫妻間很容易旋入其中，製造更多的誤會和爭端。夫妻有一方陷入沮喪時，另一方應該提醒，「有什麼我可以替你分憂的嗎？」或者「我有什麼錯誤令你不高興嗎？」這樣的問話較能引起對方覺察自己的情緒。若有一方脾氣不好時，另一方要保持冷靜，生活步調照常進行，等他冷靜下來，再婉轉詢問。

情緒上的自我覺察能力一方面能避免誤會和爭吵，另一方面能控制自己，在情緒不安定時，不要做決定，不要爭辯。情緒覺察能力的訓練，是培養夫妻感情智慧很重要的一項。

自我控制

在情緒激動時，要懂得自我控制。當你覺察憤怒湧上心頭時，保持自我控制的過程是：停下來，想清楚，再去做。憤怒會壓抑理性思維，這時最忌諱借題發揮，口無遮攔，魯莽地動手揮拳。無論自己有多氣憤，此時要閉上嘴巴，離開現場，到一個安靜的角落，冷靜地想一想。思考的重點為捫心自問：

- 現在我碰到什麼問題，真正的癥結是什麼？
- 我現在正在做什麼？準備做什麼？
- 這樣做對彼此有什麼好處？能解決問題嗎？
- 我真正想要的是什麼？
- 我該怎麼做才對？

當夫妻的一方，能在激怒當頭時，作出理性思維，就能保持冷靜，維持和諧的溝通關係。

每當自己感到緊張和性急時，不妨把手邊工作暫時放下來，讓自己有機會去散散步，做些運動，這能使彼此的關係緩和下來。夫妻最好能安排每天一起運動或散步的時間，這不但有助於紓解壓力，調劑緊張的生活，同時有益於健康和增進體能。此外，一起郊遊、定期旅行，或者多接近大自然，對情緒的調節亦大有助益。對於這件事，我素有心得，每次登山和旅遊，或者接近大自然回來，心靈總是受到洗滌，復甦的心力令我們活得更快樂幸福。

自我控制還有一個向度，值得每一對夫妻重視。夫妻在婚後要控制自己的感情和舉止，才不會旁生枝節，有了婚外情或不必要的誤會。非有必要，務必避免與異性單獨隱密約會，甚至一起吃飯、喝咖啡、看電影之類，都應避免。你可以約同事聯誼，並邀請配偶參加，社交本來就是公開的，只要你能作自我控制，既能免掉很多煩惱，又能帶來人際的溫暖。這不是誰怕誰的問題，而是幸福生活的藝術。

自我控制金錢花費，也是夫妻生活很重要的一環。許多人年輕時有衝動購買慾，但共組家庭之後就必須懂得量入為出，知道做點儲蓄或投資，為將來生活打算，這能使雙方感情持久堅固。不能自我控制金錢花費的夫妻，經常捉襟見肘，他們的心靈世界有著遠水救不了近火的不安。金錢的自我控制，不是要你成為守財奴，更不是要你吝嗇小氣，而是從中表現出富裕的用錢藝術。

最後，夫妻要學習控制衝動，凡事要想一想，你不是自己一個人活，而是一個家庭在仰賴你。你有配偶、父母、子女相隨，不要為一時衝動而行事，不能為一時逞強而越分。凡事需要理智去思考，那才會中肯。

互相啟發

一個人看問題，不如兩個人來得周延；一個人的創意，往往不如兩個人激發出來的新點子多。夫妻互相啟發，彼此交換意見，能產生加倍的創意和意志力，並使雙方的幹勁和信心大大的提升。

互相啟發做人做事的態度，使兩個人更貼心，更知道生活為何物。他們知道去爭取成就，實現彼此的抱負；但也明白真正幸福的寶藏，更多存潛在感情世界中的真愛，以及對生命意義的領悟。

夫妻在生活與工作中學習、成長和互愛，他們的經歷越來越多，看到人生的真理也越來越清楚，形成一種開朗、無私和豐富的人生經驗。他們變得穎悟有智慧，在婚姻中找到更寶貴的東西——彼此的真我。這時，他們得到更多自由和默契，內心裡有更多的快樂和自在感。我認為這部分的感情智慧，是最難能可貴的。

秀真和我結婚三十年，這樣的婚齡在這個社會不算長，但已有不少時間，供我們淬煉感情的智慧，體驗也漸多漸深。與我們上下年齡的夫妻好友，悠閒時聊起彼此對感情智慧的領悟，交集總落在本文描述的幾個向度上。不過，好幾對幸福夫妻還是告訴我：幸福的道理很簡單，學習真心相愛，不斷學下去，總有啜飲不盡的美好。

8 改變與成長

夫妻彼此應該互助互勉，不斷尋求成長，
這要比期望對方改正缺點好得多。
這種改變與成長，能增進夫妻支配生活的智慧和能力，
朝向幸福的方向發展。

大部分的人都希望能改變配偶的缺點。「如果他能改掉囉唆的習慣就好了」、「我希望戒除她的潔癖」、「他應該改掉猶豫不決的習慣」這類話我聽到很多，但改變配偶的習慣或態度卻是一件不容易的事。有時原來的缺點只是小小的不方便，但為了改變對方卻帶來嚴重的摩擦或對立。

每一個人都希望得到別人的肯定。想改變配偶的行動，稍不留意就會刺傷對方的自尊，無異給對方否定的評價，從而引起敵意和爭吵。所以改變的要求

或行動，往往不能成功。

想改變配偶，「希望他聽我的，為我設想」，那麼要求的一方就該想想：這個缺點對我而言是不方便呢？抑或造成困難？如果是不方便的等級，你要求了也沒見改善，則要保持耐性和包容。因為每個人多多少少都有些缺點，有時自己覺察不出來，卻會給對方帶來不方便，如果彼此包容，保持耐心，夫妻之間默契多了，不方便就減少。

如果缺點會構成困難，例如有婚外情、愛賭博、好吃懶做等等，這些會破壞家庭和諧，影響家庭生計，那就該清楚的說出來，冷靜而堅定的告訴對方：「一定要想辦法改掉它。」

改變配偶的想法，有時來自要求者自身的缺點或困難。比如說自己人際關係有困難，不喜歡與人交往，卻要求配偶也不參加社交活動；自己信心不足，卻要求配偶在事業上不要向外發展。因此，改變的動機必須清楚，必須是建立在夫妻一起成長的基礎上。

希望改變配偶，也不是靠單方面力量就能辦到的。如果只是一方提出要求或指正，而不懂得重視和欣賞對方的優點，對於他所作的努力，不給予肯定和表示你的感激和欣慰，那改正缺點的美意，會半途而廢。一味責備不肯改正缺點，而傷害彼此的感情，是得不償失的。

夫妻應該是互助互勉，不斷尋求成長，這要比期望對方改正缺點好得多。依我的觀察，婚姻幸福的人他們的共同點是：都能看出彼此的優點，欣賞並鼓勵對方，而把優點發揮得淋漓盡致。他們有健康的自尊，樂於主動改變自己，成長自然又多又快。改變與成長應注意以下幾個關鍵要領。

培養信任

許多人認為夫妻應該彼此激勵才會長進，其實這樣的觀念是有待商榷的。因為激勵本身帶有要求和被激發的功利特質，容易產生壓力和計較，所發展出來的愛是有條件的。我認為夫妻之間最好的關係是接納，這是發展穩定信賴關係的基礎；彼此之間，不論你怎麼樣，他都會愛你、接納你。

如果我們動不動就想激勵和改變對方，一但有了挫折，就會試圖以責備、譏諷和批評來幫助對方改進。即使是用獎勵的方法，也常常作過度要求，帶來勉強和困擾。因此，最好的關係是互相信任和欣賞優點，信任感穩固時，自然產生成長的動力；而成長正是自動的改進，願意學習新的行為和能力。

最近秀真告訴我一件往事，說明信任和激勵的不同。她說：「你在三十歲時，開始有機會作大型的公開演講，聽眾的迴響也很好。這時有一位關愛我們的朋友，打電話告訴我說：『鄭先生很有演講天分，妳應該記錄他的缺點，告訴他該改進的地方，將來一定會很成功。』我當面謝謝他的關心和建議，但我沒這樣做，我只是欣賞和肯定你演講中發人深省的內容。我總覺得在配偶面前強調他該改進什麼，遠不如欣賞優點。」信心使人更有主動性和創造力，她當時懂得這麼做，我由衷的感謝她。我現在更能了解為何說：「成功的人背後，一定有一個支持他的配偶。」

夫妻之間有著信心和信任，生活之中需要對方配合或作改變的事，就很自然的說出來，根本無須「想要改變配偶」，對方已經知道作改變了，這就有了默契，幸福和溫馨就在其中。要培養穩固的信任，除了誠實和接納之外，還要注意：

- 切勿挑剔或小題大作，這會日久生厭，等到真正需要對方配合改變的時候，反而沒有著力之點。
- 不要為了金錢和生活細節斤斤計較，小小的計較可能會產生很大的感情罅隙。
- 彼此互相幫忙，互相照顧；主動照顧對方，所產生的貼心和依賴之感，是維持信任的主要力量。
- 一起談心而不批評，尋找共同交集而不是挑釁對方的觀點，這能在愛情中增加友誼。

培養出信任感，才有條件說真實話。小小的不方便，應予以包容或學習順應，如此一來，重要的真話，就可以一言九鼎，讓彼此產生審慎的實踐力。

改變的歷程

想要改變配偶的習慣或缺點，一定要懂得輕推漸進的方法。一位太太說，先生不贊成她出外工作，要她照顧孩子，把家顧好。他認為讓太太出去工作，會影響他負責賺錢養家的形象。後來孩子長大上學，整理家務不需要那麼多時間，更增強她走出家庭、做個職業婦女的決心。起先她出去當義工，繼而進修一些課程，先生也慢慢適應她的作息。最後條件成熟，自己的能力和資格也提升了，她獲得一份受薪的兼職。這時候水到渠成，先生也同意這樣的安排。她拿自己的經驗為例：「想改變配偶的觀念或態度，不要操之過急，一步一步來，雙方都容易適應。要配偶一下子改變觀念，不但有困難，在情急爭辯之下，也容易傷感情。」

想改變配偶，要避免教訓和觸怒對方。你可以採取以身作則的方式，來帶動改變。一位男士說：「我一向亂丟東西成習。單身時，廚房、書桌和客廳無處不是堆置著東西。我的妻子愛好整潔，總是順手把它整理好，沒有批評也沒有抱怨，朝夕相處，我也很自然地開始把東西放定位。」

另一位太太則說：「我的個性急，什麼事情都求快，偏偏我的孩子吃奶總是慢吞吞，我很容易因情急而發脾氣。我老公是一位有耐性的人，他會把孩子接過去，斯文的哄餵，我跟他相處久了，也學會控制自己的脾氣。」夫妻間若期待對方敦厚對待，就得先以敦厚待他；你希望他樂觀，就得自己先表現出樂觀和堅毅。

夫妻之間的互動，固然在朝夕相處下，多半能了解對方的需要，事實上，心理需求層次卻彼此未必知悉。一位先生說，他的婚姻生活空虛，特別是他在工作上壓力很大，早出晚歸，但回到家裡卻得不到安慰，有時太太還在賭氣。我問他說：

「你有沒有坦誠告訴她，你需要她的安慰？」他說：「沒有。一個大男人怎麼好意思這麼說呢？這是她應該想到的事。何況如果我說了，被她奚落或嘲笑，那會多窘、多傷心。」

這是一個男人憋住自己的感情，沒有說出來，所造成的空虛和不滿。相對的，太太也認為老公只為工作操心，而沒有體貼地與她談話。當他們練習真誠的說話，了解彼此的心情和需要，從而改善了婚姻生活。

改變舊習不是一蹴可幾的，它需要一段時間練習，親密的家人要誠摯的讚美和欣賞新的行為和態度，漸漸地新行為和態度才會牢固。一般而言，要形成一個新習慣，至少要三週的努力練習，才會真正的牢固不忘。

戒除惡習

夫妻為維護健康生活，要試著戒除原來的惡習，例如抽菸、嚼檳榔、吃大量零食、作息無常、酗酒等等。夫妻願意革除舊習，是邁向成長和幸福的關鍵之一。

要做到這一點，就要把心託付給對方，相知相愛，才能支持對方改進和成長。夫妻感情不睦和工作壓力，往往使一個人的不良舊習變得更嚴重。因此，培養感情和戒除惡習是分不開的事。

要戒掉惡習，就得培養新的習慣。以戒菸為例，當心理壓力大、緊張焦慮升高的時候，菸總抽得多，所以如果你先學會放鬆、深呼吸、適當的運動、鍛練身體等等，來減緩緊張和壓力，此時要把抽菸惡習戒除的可能性，就會大大的提高。

此外，戒除惡習要找個替代行為。還是以抽菸為例，當你想抽菸時，可以用喝一杯水來代替。接著躺在舒適的椅子上，閉上眼睛，作深呼吸，想像自己置身於寧靜的森林浴一般；吸進的是澄澈的空氣，吐出的是緊張和焦慮，這樣就能緩解心中的壓力，堅持不抽菸的新習慣。

改掉壞習慣，最忌諱配偶的批評、取笑或當面潑冷水，這會令信心喪失。

正確的方法是支持和鼓勵，對其堅強的毅力表示欣賞和讚美。

戒除惡習難，但避免重染舊習亦難；特別是在不注意的情況下重蹈覆轍。萬一發生這種情形，一定要及時懸崖勒馬，不可以「前功盡棄」而灰心，放任自己重染下去。

戒掉一種惡習，就是重新找到新人生的開端，也是增進婚姻幸福的秘訣。

改變配偶，應該是一種成長，是朝向積極的方向發展。這種改變與成長，能增進夫妻支配生活的智慧和能力，朝向幸福的方向發展。最後請注意，改變不是要把對方改變成合我意、順我願的樣子，因為改變是建立在心智成長上。

9 活得快樂幸福

快樂的家就培養快樂的人，幸福總是在幸福之中孕育，
尤其對性格發展的影響，更為明顯。
婚姻生活，必須認清快樂和歡樂的不同，才能創造穩定長久的幸福。

婚姻必須建立在互相體貼、肯負責和自我犧牲之上。透過體貼才能互相了解和培養默契，經由負責才有愛的行動力，肯自我犧牲才能建立共同的快樂和幸福。

快樂幸福是每一對夫妻所嚮往的，然而，對於快樂幸福這件人生大事，真正了解的人畢竟不多。一般人容易把歡樂和快樂弄混，其實兩者之間差別很大。所謂歡樂是用感官來感受的快感：飲酒作樂、紙醉金迷的事是歡樂；豪賭吸毒、揮金似土的事是歡樂；縱情於五官色欲，可以著迷到樂不思蜀的事都是歡

樂。歡樂只是一時的感官刺激，不是深層的快樂和豐足。縱情歡樂一過，心理容易寂寞空虛，情緒變得更低落，無力去經營婚姻，去創造真正的快樂幸福。

快樂則不相同，它是經過一番努力和付出，願意負責和堅持，經過辛苦才得到的報償。快樂帶給夫妻深度的體驗、持久的滿足感，他們從中領會到豐富的價值和意義。

夫妻願意勤奮經營生活，創造的快樂越多，幸福的感覺也就越大。我並不反對偶爾享有歡樂、刺激和新鮮，但要以經營快樂幸福為主軸。以下是幾個值得投注精神、好好經營的重點。

樂觀的夫妻

保持樂觀是夫妻長久維繫快樂的關鍵。在變遷快速的社會裡，樂觀的人適應力強，在生活與工作中較能保持優勢，生活得比較快樂。

美國心理學家塞利格曼（Martin Seligman）研究指出：樂觀的人在遭遇劇

變時，會愈挫愈勇，堅持力強，他們容易成功；悲觀的人遇上困難時，會消極沮喪，看不見解決問題的方法。樂觀者傾向於把挫折和失敗，看成暫時性的遭遇；悲觀的人則看成永久性的傷害。樂觀的人會區隔出失敗的關鍵，失敗和損失只是生活或工作的一小部分；悲觀的人會把一件不如意的事，解釋成全部的失敗，帶來莫名的憂愁和頹廢。

夫妻能保持樂觀的思考模式，無論在愛情、工作和生活上，都會有積極的表現，享有較多的成功和快樂。

每個人都有其個性，沒有一個人是完美的，樂觀的人對於配偶的缺點或特殊的習慣，有較好的包容力。他們不會因為配偶少許的缺點，而導致對他整個人的厭惡。一位女士說：「我無法與先生一起生活，他衣服亂丟，東西凌亂，教人難以忍受，所以我天天跟他爭吵。」可是另一位女士則說：「雖然我先生有亂丟東西的習慣，但我知道他只有這個缺點，他對家人友愛、幽默、輕鬆，而且負責任。我已學會包容他的習慣，必要時會替他稍作整理。」前者是悲觀的人，後者是樂觀的人。

樂觀的思考模式是可以學習的，只要夫妻彼此願意互相砥礪，學習樂觀，就能在生活和工作上，有較多的快樂和幸福。快樂的夫妻要經常注意：

- 在生活習慣上要學習包容，不奚落、批評和諷刺配偶；多欣賞對方的優點，彼此認識的優點越多，就越快樂。
- 不在背後批評配偶，不在親友面前吐苦水，更不在其他異性面前傾訴委屈以爭取同情；這不但會增加你的悲觀，而且還會旁生枝節。
- 每天有機會談心；談心能增進愛情，帶來融洽和快樂，透過談心可以互相暗示，保持樂觀的思考模式。
- 悲觀的人把眼光放在損失的部分或手中沒有的部分，樂觀的人則看重手中擁有的加以發揮。

樂觀的夫妻懂得把失敗和困境，視為一種挑戰，從而抱著希望。他們相信能處理好眼前的困局，也願意學習如何解決問題。此外，他們對自己的工作和生命，也有較高的堅持。

快樂的家庭

家庭是生活的重心，家庭生活快樂，人生就幸福。父母親締造的家，孕育了現在的你；現在你們締造的家，孕育了下一代。快樂的家就培養快樂的人，幸福總是在幸福之中孕育；尤其在性格發展上，更為明顯。

夫妻共組家庭，但仍然要與雙方的父母保持親密關係，要與彼此的兄弟姊妹保持往來。於是家庭像是一個同心圓，一層一層地包融在一起。雖然最親密的是夫妻和子女，但是與父母卻有不可分割的關係，同時要與家族保持一定的互動。因此，一個人除了自己的小家庭之外，還有一個更大的家族家庭做為後盾。

夫妻婚後如果離開父母，又缺乏親密的往來，不但夫妻兩人都會產生失落感，子女成長過程中缺乏與祖父母一起生活的經驗，對其人生的體驗，也是一種匱乏。此外，子女看不到父母與祖父母和諧相處，在孝敬長輩上，無異作了錯誤的身教。於是我們要重視家庭生活，也要強調家族的生活。觀察現代青少年，在情緒、合作行為和安全感上，表現得不如過去的穩定、成熟和健康，是因為早期生活史上，缺乏健全的家庭和家族生活體驗所致。

夫妻經營家庭生活，除了工作謀生、社交活動之外，最重要的是預留一些時間遊戲。你必須刻意安排時間，儲蓄家人的精神和活動力，把快樂帶進家庭。它的重點是：

- 做你喜歡的事，如歌唱、造飛機、烘小甜餅和手藝等等，你經營這些樂趣，就越能給家人和子女帶來快樂。
- 要保持天真、爛漫和遊戲的興味，要用悠閒和即興的態度來做這些事。

● 寓工作於遊戲，一起做家事，一起聊天玩笑，合力把事情做完，能讓家庭生活充滿生機。

● 保持輕鬆更能增進感情，培養正確待人接物的態度，快樂同時能散發幽默感，它是生活智慧之源。

● 注意家庭喜樂的氣氛，家庭不是上班的地方，是生活的場所，保持好氣氛對家人精神力的培養有益。

快樂的家庭帶給每個成員進取、樂觀和幸福之感。夫妻要立志經營快樂的家，因為它是帶給大家幸福和光明前途的窩。

快樂的家族

夫妻要試著結合家族的成員，形成一個大家庭。由夫妻雙方親近的血親、姻親，利用週末經常聚會，聊天交誼，互訴心曲，一起交遊聯誼。這樣的大家庭，通常圍繞著雙方的父母，自然形成互動的向心力。夫妻能積極參加這樣的大家庭，既能享有溫馨和互助的安全感，又可排除生活上的孤立感。

如果你住在外地，不能與家族成員共享大家庭的喜樂，那就組合知心朋友的家庭，彼此往來相聚，形成友誼的力量，亦能達到相同的效果，否則孤立和無助之感容易襲上心頭。大家庭必須有以下幾個要素：

- 有家長或創立者領導；親屬關係的大家庭，需要一位大家對他有向心力的長輩，朋友之間則需有人主動擔綱聯絡才行。
- 大家要有殷勤好客的習慣，並形成互助的力量。
- 家族聚會必須有禮貌，互相尊重。
- 家族的成員必須有向心力，願意參加聚會才能持續下去。

夫妻參加家族的活動，可以增加快樂和溫馨，子女也可以學到許多人際互動的能力。家族之所以令人感到快樂幸福，是因為它給予大家結盟的安全感和需要。

快樂的選擇

快樂是選擇得來的，你想要快樂，就可以安排使自己快樂。反之，要讓自己不快樂也很簡單，只要你退縮、敵意和多些神經質，保證會變得不快樂。造成不快樂最常見的現象是：

- 會讓問題像滾雪球一樣，越滾越大：你們可以用激將、賭氣法，把問題擴大；也可以拖延不處理、不改進，讓生活更惱怒，日積月累，把婚姻弄垮。
- 消極的想法：受到一點委屈，就把它想像成對方完全不愛自己；也可以把對方一點缺點，想成罪大惡極。這樣一定會很不快樂，甚至憂鬱絕望。

●不好的預感：「我總覺得他（她）對我不忠」的想法，只要經常出現在腦子裡，保證令你不快樂。

●做不可能的夢，生活的目標高不可及：希望步步高陞、社會地位令人稱羨、子女比別人強、永遠錦衣貌美等等，把欲望抬高些，一定會不快樂。

●製造隔閡：對家人少說恭維，多加批評和抱怨，常找些麻煩，最好用輕蔑的語氣說「你用我賺的錢，不聽我要聽誰？」這類話，一定可以毀掉溫馨的家庭。

●自怨自艾：對家人說「我這麼忙，為大家犧牲，你們卻不聞不問」、「我胼手胝足工作，養活你們，你們卻漠不關心，白吃白喝」。

這些消極性的態度，足夠讓夫妻生活不快樂，對家人和子女帶來不悅的暗潮。以上這幾項魔障，請仔細檢視一下，如果發現「我正好有這種現象！」那就趕緊改過。請記得，打破不快樂的障礙，就可以著手快樂的生活。

快樂和歡樂有著本質和效果上的差異，快樂是經過一番努力，完成有價值的事和德行，所帶來的滿足和持久的喜悅，它的本質是有能力的愛。歡樂是短暫的，是透過五官的享受和刺激得來的，刺激和新鮮感一過，它就消失，甚至留下空虛和陡落的痛苦。婚姻生活，必須認清快樂和歡樂的不同，才能創造穩定長久的幸福。

10 談心之樂

夫妻每天都需要透過談心，作心靈的交流。即使帶著倦意，也要彼此說幾句話，與對方分享工作的心情或遇到的趣事；短短的談心，給彼此帶來相互關懷的心意。

夫妻談心樂無窮。有人喜歡在晚飯後，窩在一起話家常；有人愛在夜裡，家事做完了，促膝相談。散步中談心，令人喜悅忘懷；在做家事中談心，夫妻備感親密。

談心既可以交心，又可以討論問題，更重要的是它能孕育穩固的感情，形成默契和共同的生活態度。有談心才容易成為恩愛夫妻，有談心才真正互相了解。談心不只是溝通觀念，形成共識，而是一種深度的心靈共鳴。

秀真和我很容易在一起談心。我們無所不談，話題很自然的浮現，從工作經驗的分享、心情的交流、新知的介紹、家務事的心得及宗教信仰上的體驗。由於彼此常談心，我們的心靈世界似乎共用了一套資料庫，觀念和感情容易溝通，在信仰和生活態度上，也有充分的共識。

我觀察許多對幸福夫妻，發現他們也都很談得來。他們在剛結婚時如此，到了兒女長大成年時也如此。他們每天交談，或長或短，悠閒時從容談心，忙碌時也能抽出時間交談。

相對的，有些夫妻由於忙碌而忽略談心，久而久之感情上有了隔閡，彼此之間變得嚴肅或冷漠，甚至出現感情的麻煩。為了避免疏離，建議夫妻們多談心，即使是出差到國外，也可以用電話或電子郵件，彼此簡短交談。你們若能維持初婚時的談心習慣，必然能培養出互相信賴和親密的感情。

建立談心的習慣

夫妻每天都需要透過談心，作心靈的交流。即使帶著倦意，也要彼此說些話，與對方分享工作的心情或遇到的趣事；短短的談心，給彼此帶來相互關懷的心意。

夫妻要懂得製造機會談心。一起做家事固然可以交談，一同逛街購物也可以交談。婚姻生活中不要太計較效率，而嚴格分工各做不同的事，例如先生洗車、太太購物，兩個人各走各的。如果稍作調整，就可以一起洗車，一起去購物，這麼一來你們就可以邊做事邊談心。

夫妻要安排談心的機會。為了養成習慣，我常建議新婚夫妻，買兩張輕便的椅子，中間放一個小茶几，有了喝茶的雅興，遇有空閒，就會坐下來休息，很自然貼心的交談一會兒。秀真和我結婚不久，偶然發現這樣的心靈交流很有益，於是在家裡建立起喝茶談心的習慣。無論工作再忙，總有幾分鐘坐下來交談。後來孩子們稍稍懂事，也加入我們一起談心，我們大人喝茶，兩個孩子另備小茶壺和杯子，他們喝開水，把它叫做「白空茶」，其樂無窮。

我認為夫妻每天都要有時間談心，並且養成習慣，擴及家人和孩子，能給生活帶來無盡豐收。我教過的一個學生，婚後培養了談心的習慣，她說：「老師：真謝謝你和師母的指導，讓我們生活得稱心喜悅。」

談心要避免傷及對方的自尊，它不是彼此指責和批評，也不是互相推卸責任，更不是在計較誰是誰非，而是互相傾聽對方的心聲和意見。破壞談心的氣氛，多半因為批評和挑剔，從而產生敵意和自我防衛。「你總是那麼自私」、「我早就看穿你在盤算什麼」這類的言詞，很容易引發爭吵和敵意，一定要避免才行。

說話技巧

夫妻談心，只要願意聆聽對方說話，你的專注和重視產生鼓勵作用，讓對方把話說完；清楚了解對方說話的意涵，不打岔，順著對方所說發問，就能對話下去。我常聽到失和的夫妻互相抱怨：「談心怎麼可能？他根本聽不進我的話。我只稍說點什麼，就嫌我嘮叨。」另一方則說：「每次我問他什麼，就好像觸電一樣，板個面孔替自己辯解。」

交談一開始，如果從提問著手，最忌諱以「讓我們來談談你的……」為開場，這好像警察在問案，很容易造成對方的反感，交談也就中斷。如果你問的是：「你們的業務會報進行得很順利吧！」對方可能即刻跳進話題，陳述其順利的得意，或遇到的難題。一般而言，女性比較容易從提問題入手，男生比較容易從自述話題入手；男性愛開門見山的說，女性喜歡問問題。只要彼此了解談心的方式，就能互相包容和諒解。

心理學家貝克（Aaron T. Beck）指出：男性比較容易打岔，愛提建議，聆聽時較少作出「是的」或者「噢」等回應來表示自己在聽對方說話。相對的，女性較少打岔，能分享別人的喜和憂，較多表示「是的」或「噢」傳達自己正在聽。如果你能了解這些小差異，就比較能包容對方，談心也會順利得許多。比如說，如果太太不希望先生提建議，就可以暗示：「我很想跟你分享我的構想。」這就可順利說下去，不會被打岔，等到說完，自然地由對方接下去。

夫妻談心，有時不經意說出令對方不悅，或者觸及對方極避諱的話題，例如先生談到太太肥胖、變老和皺紋等等，可能令對方不悅，而中止談心。夫妻固然是貼心相知的伴侶，但還是要對敏感話題，保持慎重。

談心不是爭辯，不要變成取勝。因此談心要保持輕鬆，以接納和包容的態度交談，必有很多樂趣和豐收。

談心的口氣

夫妻談心，口氣非常重要，口氣稍重就有可能惹毛對方，而破壞談心的進行。所謂口氣是指說話的語意、語調和當時的表情，所傳送出來的弦外之音。口氣好，彼此覺得貼心，思想和感情的交流容易；口氣差，交談容易中斷，甚至起衝突。為使交談順暢和口氣良好，應特別注意：

● 不要用抱怨的語氣，例如：「跟你這種人相處真倒楣！」

- 不責怪對方，例如：「都是你惹的禍。」
- 避免扣帽子，例如：「你真沒良心。」
- 不理會對方，或冷漠賭氣。
- 不明白事理，凡事硬拗，或找藉口。

夫妻之間，只要用平常的口氣、禮貌的態度，警覺地了解對方，並就對方的立場和感受想想，自然能產生好的口氣。反之，如果以敵意和取勝的態度交談，負面的效果就會顯露出來。

吐露心事

在談心之中，有時也會吐露心事。這些大多屬於比較嚴重的問題，例如偷偷把房屋拿去抵押貸款，結果投資失敗，或自己有過一段婚外情等等。這些總是在談心時，不經意地吐露出來，結果可能引起軒然大波，但不說出來又覺得自己不誠實。那就要好好地想一想，時間恰當不恰當，比如太太正懷著身孕，或者身體欠安等等。此外還要考慮吐露的理由：我的目的是什麼？能解決問題嗎？說出來有害或有益？要想清楚才能說。

有一位女士在整理佛堂時，不慎把一個家傳明瓷花瓶打破了。這樁心事不說也不行，到了晚上談心的時候，她坦白告訴先生，並準備接受痛責。先生聽罷，默然不語有好一會兒；雖然覺得可惜，但東西已經損毀。後來先生說：「不要難過，妳忘了佛經上說世事無常嗎？那花瓶在製成時，就注定要毀損的，只不過不曉得它要在什麼時候破？破在誰的手裡？今天謎底揭曉，原來是要破在妳的手裡。」

這位太太懂得在談心時說出心事，時間和心情都非常恰當，一種自然的吐露，帶動了溫和的包容之心。但有些人把心事藏在心裡頭，直到無法再瞞的時候，才突然說出來，往往使對方難以接受。就拿先生把房屋拿去抵押，結果投資失利為例，有可能造成很大衝擊，那就要注意：

●找到談心時間，讓彼此心境比較安定時才說。
●先透露一些事情，讓對方心裡有準備，再告訴他全部。
●必須婉轉的說，並表示歉意。
●設法挽回彼此的信任。

透過談心吐露你該讓配偶知道的心事，雖然可能是解決棘手問題最好的方式，但正本溯源還是應該避免讓自己心懷秘密。因為吐露之後，往往需要一段時間，才能修補配偶對你的信任。如果一而再、再而三的吐露你的私密，那麼彼此的信任會破產，談心的樂趣也會消失。

情投意合的態度

夫妻兩人如果情投意合，談心的效果就會提升；而且談心的交流成功，更能促進情投意合。創造情投意合的談心，必須注意以下幾個要領：

● 除夫妻之愛外，與配偶同時保持朋友的情誼，互相尊重，彼此鼓勵和協助，所以有許多素材可以談心。
● 共同負起婚姻幸福的責任，認識到同甘共苦的重要，所以有了積極的態度，彼此談心。
● 維持平等的夫妻關係，所以能知無不言，言無不盡地談所遇到的事情。
● 互相接納、珍惜和體諒，懂得欣賞彼此的看法，所以交談融洽，可以求同存異。
● 用愛心取代敵意，彼此沒有計較和取勝的習慣，交談不會起衝突。

夫妻之間相處若能保持以上幾個要領，就能漸行漸近，態度輕鬆開朗，像與知己交往一樣，有著美好的談心效果。

人生在世免不了有寂寞和孤獨的時候，夫妻之間若能保持談心的習慣，培養貼心的情誼，當然會使婚姻過得更美滿，並領受夫妻相知、接納和深愛。

11 防範失和

夫妻失和是許多看不到的因素，構成障礙，日積月累記恨在心裡，造成溝通的困難。它會像平時下水道不清理，大雨來時所造成的氾濫；要預防夫妻失和，就得排除隱藏在後某些交流上的障礙。

夫妻和睦，能夠談得來，是很幸福的事；彼此失和，冷落對方，是很痛苦的事。和諧的夫妻，即使經濟生活拮据，苦中仍然帶著甘，溫馨不減；失和的夫妻，即使生活富裕，心情則如荒漠。因此，夫妻要防範失和，建立彼此親密的互動。

夫妻失和未必一定會離異，但每天面對冷漠的嘴臉，造成的挫折和失望，令人心情低落，日子久了就萌生異念，想尋求情緒的新出路。這些出路可以是婚外情，也可以是酗酒、賭博或自我麻痺，甚至沮喪憂鬱，化作精神生活上的難題。

失和而彼此對抗是一種傷害，但經常被誤以為是在告訴對方「我需要你」。事實上，那是事與願違的作法，帶來更多埋怨和憤怒。然而明知其如此，為什麼不從積極面告訴對方，不用正確的態度表達彼此的愛呢？我相信這裡面一定有原因。

從夫妻失和的個案中歸納出失和的原因，可謂五花八門。有為金錢失和，有為婚外情失和，有為個性不同而鬧彆扭，有為意見相左而起糾紛。不過，這些原因的背後，似乎都隱藏著某些交流上的障礙。這些障礙包括以下幾點。

未認同新角色

夫妻共同生活的品質，決定於他們是否在結婚後很快就認同夫妻的角色。兩人共組家庭，他們已然成為新家庭的主人。有些人很快認識到主人的角色，負起責任，盡自己該盡的本分；有些人則較慢，需要長些時間去適應；更有一些人一直無法認同和接受新的角色。未能認清新角色的人，總以為自己還是一個人，是完全自由的，是父母親卵翼下的孩子。不能認清新角色，就不能盡本分，凡事我行我素，不能考慮對方，不能負起為人夫或為人妻的責任。

一位男士說：「為什麼結婚之後，每天要回家吃飯，要回家陪老婆！我承認我是自由派的人，簡直無法接受這種束縛。」一位女士說：「結了婚，下班回家就要做飯，我為什麼要做這些家事？」另一位先生說：「實在想不通，我只說她該去學點烹飪，她竟然大發脾氣，反問我為什麼不去學。」聽了太多夫妻的抱怨，才發現許多夫妻根本沒有認同結婚後的新角色，還以為自己是單身漢，仍是父母親的掌上明珠。

夫妻一旦結婚，共組家庭生活，自然會有家事要做；生兒育女之後，當然有許多責任要負。他的角色轉換為家庭的主人、彼此的配偶、子女的父母，他們面對的事是如何分工合作，肩負起婚姻生活的責任。結婚之後，能醒悟到自己有了新角色，從而發展兩人的愛情、默契、體貼和慷慨的行為，很快就能適應夫妻生活，對婚姻抱持包容、忍耐和負責的態度。這就能共同經營生活，嚮往未來，願意承受種種挑戰和責任。幸福就在婚後的新角色中苦中作樂。

現代人為什麼離婚率高？依我的觀察是，有太多人沒有認清婚後的新角色，搞不清自己的身分及該負的責任。於是雙方互推責任，危及彼此的安全感，甚至從步上結婚之路那一刻開始，就引發不滿和積怨。

有一小部分的人，從結婚到年老，都沒有認同他的角色。他們之所以沒發生婚變，是因為對方寬恕，願意負起責任，才得以維持下去。觀察中還可以發現，那些不能認同角色的人，鬧離婚後，即使又結婚，再出現老毛病的機會還是很高。

不切實際的態度

夫妻失和的第二個原因是抱持不切實際的想法：他們以為不用經營，婚姻自然美好。夫妻生活是建立在現實情境上，必須看清自己的經濟來源、工作和職場的趨勢、消費習慣乃至對未來的打算。未預作家庭經濟的安排，就會為用錢起爭執，會為手頭拮据抱怨，從而傷了感情。

我在婚前諮詢中，總要建議即將步入結婚禮堂的新人，共同商談經濟生活及財務管理，建立一套可行的制度，共同管理財務及運籌發展方向。這就能孕育彼此的希望和向心力。

婚姻離不開家庭，每一對夫妻都要對雙方父母及自己的子女，負起撫養和照顧的責任。把責任看清楚，就知道該做什麼；把現實認識清楚，就知道該怎麼做。結婚之初，秀真和我為經濟生活及照顧家人，很認真地作了心理準備。因為我們必須和父母親、三個弟弟及表弟妹住在一起，協助他們完成學業，還有負起日後父母親的扶養等等責任。我們想通這些事，勇敢跳入大家庭，心甘情願負起責任去經營。結果家庭人氣很旺，大家過得既快樂又幸福，我們的孩子也在這親密的大家庭中，得到很多愛和照顧。

回想那段日子，每逢假日，結合兩個家族一起登山，到海邊遊玩；一起做家事，各顯神通烹飪、耍寶等等，其樂融融。我相信夫妻只要同心協力面對生活的現實，就能創造快樂和福報。

每一對夫妻注定要在他們的現實中成長和發展，如果不能看清這件事，把握現實的素材，負起責任去創造，那麼在胸襟和心靈上都會有缺陷。

面對現實還有一個向度，假如你一直用新婚時的標準來衡量以後的生活，那也會有麻煩。歲月如流，美貌和身材只稍幾年，就從你身上流逝。一個四十五歲以上的女人，不可能如二十來歲時迷人，同樣的中年男人也不再那麼有吸引力。這些轉變是現實，是生命過程中自然的現象。夫妻要看清這種轉變，培養精神氣質，提升心靈生活，有著較深邃的生命領悟才好。因此，聰明夫妻懂得進德修業，他們從助人、閱讀和生活體驗中，不斷開拓精神上的向心力，互相砥礪，打開更寬闊的性靈生活。

人在經歷壯年之後，若不開拓性靈生活，到老年的時候就有些精神生活的缺憾。如果到了老年期還沒有發展它，那麼許多不切實際的想法，會令生活變得紊亂。

欠缺獨立思考

每個人都是父母親撫養長大的，父母親的觀念隨著他們的指導、教誨和糾正，在子女的意識裡根深柢固。於是夫妻在商量溝通時，很容易從自己的檔案資料中，調出父母親往日庭訓的內容，把它當做不可違抗的命令，不能重新驗證和思考，以致與現實生活判斷，有了差距與隔閡。

一位先生一直認為投資股票是一種投機行為，因為他的父母親就這樣教導他。因此與太太發生衝突，她認為股市是一種投資，只要清楚內行，就能從中獲利。兩個人因投資股票觀念不同，常有齟齬。其實，庭訓學來的認知，仍然要清楚的思考和判斷才行。

更值得注意的是，有些父母愛兒心切，在他們結婚時授予太多馴夫和馴妻的妙招。對新婚夫妻的生活，作了過多的關心，甚至介入其中，干涉或影響他們的生活。試想，所謂馭夫或馭妻，是一種防衛的意識，這種觀念出自父母之口，當然有一定的影響力。如果你言聽計從，可能對婚姻有較多負面影響；還是理智地想想該怎麼做，才能締造幸福。

在婚姻諮商的實務中，發現有些父母介入子女婚姻太深。一位女士說：「我母親只要知道我受點委屈，就會氣憤地說：『這口氣我忍不下去，你們離婚算了。』」父母愛子心切，往往會有這種衝動，為人子女的人，必須獨立思考：父母親的建議一定是出於好意，但未必了解你們的現實，知悉你們的困境。所以對他們的好意，要好好想清楚，不能囫圇吞棗。

夫妻如果動不動就回家向父母訴苦、告狀，父母的牽掛就會很深，產生極大的煩惱和不安。這不但對他們健康不好，影響其生活安寧，而且在焦慮不安之下，容易情不自禁地介入你們的婚姻，帶來更多誤會和困擾。

夫妻應有相當的理智，處理自己的問題。結婚之後與父母親的關係應是奉養、照顧和互愛，而不是依賴和訴苦。

不平等的觀念

夫妻應該是平等的，儘管性別、性向、興趣和體能方面互不相同，但在人性的立足點上，必須是平等的。平等才有可能互相尊重，平等才會發揮不同的潛能，使婚姻和家庭得到正向的發展。這是最合理的夫妻生活方式：各自發揮所長，互相支持合作，共同締造幸福的家。

這些年來，兩性平等的觀念漸受重視，但平等不是一句口號或觀念，而是實際的行動。試想當太太晉升為科長而先生還在員級時，是否能以持平的態度和行動，維持良好的互動呢？是否太太要晚些下班，而先生願意回家帶孩子、準備晚餐呢？又倘若太太賺錢比先生多時，先生能保持平常心看待嗎？傳統社會和文化遺留的性別刻板觀念，常使一些人陷入困擾，破壞彼此的和諧相處。

夫妻一定要培養平等的觀念和習慣，在工作、交流和生活的協調上才會有默契；才不會因一方的優越感，而壓抑對方的自尊。平等還有另外一層意義，那就是夫妻能互相替對方說好話，並欣賞對方的優點。我們的社會流行互相指責，在職場上免不了受到委屈或挫折，回到家裡，彼此能互相支持、給對方打氣，那麼夫妻相處當然會很幸福。反之，若代之以批評和挑剔，那麼障礙和裂縫會越來越大。

夫妻感情失和，乍看之下好像都有明顯的理由，但是在婚姻專家的眼裡，事情並不是那麼簡單。因為失和是許多看不到的因素，構成大小障礙，日積月累記恨在心裡，造成溝通的困難。它會像平時下水道不清理，大雨來時所造成的氾濫。要預防夫妻失和，就得從以上幾個方向，預作防範，才會有好的夫妻之情，才會有幸福的婚姻。

12 觀念上的禁忌

經營幸福婚姻，必須有所為有所不為：有所為是增進彼此心智和愛情的發展，有所不為則在預防誤會和傷害。願意擔負責任、懂得包容、積極去共同創造，才是沃壯婚姻樹的處方。

婚姻會陷入膠著，造成嚴重的衝突或緊張，衍生彼此的敵意，以致原來共築的幸福美夢幻滅，通常在他們的觀念裡，就存在著一些錯誤的偏向。他們用錯誤的觀念，去解釋現實生活和挑戰，總覺得對方是錯的，日積月累的挫折感加上失望，令他對配偶有著罪無可逭的憎恨和敵意。

夫妻的愛情是一點一滴累積起來的，彼此的憎惡和敵意也是長時間醞釀得來。觀念正確能增長愛情，觀念錯誤則傷害愛情。現在把最普遍、最具殺傷力的錯誤觀念，列舉出來供大家參考。凡事如果能避免錯誤，勇於改正，就能經營出幸福的婚姻。

浪漫主義

婚姻是一種責任，也是實現人生的重要結合。它是在愛與勤奮中成長，浪漫只是它的佐料。浪漫主義者相信婚姻是美好浪漫的，有親密的愛，有無限的溫柔，有甜美和享受。他們把婚姻想得太容易，太如醉如癡，在陶醉之中結了婚，在面對現實的種種挑戰中互相責怪。

浪漫主義者以為，婚姻自然就該是美好幸福的，他們忽略真正的幸福是努力得來，是共同在生活中創造出來的。除非他們能培養感情，實踐互愛，經營生計，發展共同的興趣和理念，否則就得不到快樂，得不到自我肯定的愉悅。

婚姻是透過創造與分享，而得到箇中的樂趣；是克服現實生活中的艱難，才敲打出幸福快樂的火燄。因此，只有浪漫的想法，是不切實際的；而不切實際地等待美好的日子，是會夢碎失望的。

過度浪漫的人太重視享受，又不肯建立婚姻生活的資產，包括生活規範、理財儲蓄、心靈成長和勤奮的態度等等。他們在結婚之後幾年，坐吃山空，耗盡祖產也耗光情愛，婚姻面臨流離失所的窘境。我見過一些暴發戶的子女，結婚之後手頭闊綽，整天生活在聲色遊樂之中，不出幾年，就把一生的幸福和婚姻一起埋葬。

該給我快樂

從怨偶的諮詢過程中，經常聽到一方說：「如果他真心愛我，就應該了解我、愛我，給我快樂幸福。」事實上，如果你不願意透露你的心事，建立交談和相處的互動機制，對方未必能了解你的需要和感受。你苦苦地等待，哀怨地期盼，了解和快樂始終不會出現。

把希望得到了解、肯定、支持和快樂，完全寄望在對方手裡，總會讓你失望。人若認為自己的幸福快樂是建立在別人手裡，往往疏忽自己也是經營者的角色。因此，要設法經營自己的心境和共同的快樂。

夫妻之間，如果一方刻意討好對方，而不建立正當的溝通管道，理性和感情就不容易同步成長。日子久了，刻意討好的一方會疲軟，被討好的一方則會不知好歹，甚至恣意挑剔。因此幸福的婚姻，應建立在相互溝通、了解和互助上；而不是建立在一方需索，一方討好上。

為了討好對方，一個人忍氣吞聲，另一個人則動不動就大發雷霆，這樣對雙方都沒什麼好處。夫妻在某些行為習慣上，需要互相容忍，但為了討好與懼怕，把該說的話壓抑下來，把脾氣也壓抑下來，雖然從不爭執，但互相知心和互相體貼的溫馨，也就無從培養出來。

夫妻之間常起爭執或發脾氣，對於彼此的感情必有負面影響；但是對於對的、該堅持的，則應加以維護。比如說對方與第三者有了曖昧的行為，就該表示異議，予以制止，甚至發脾氣都無妨。社會學家布德瑞克（Carlfred Broderick）說：「發脾氣就像探測器一樣，它警告那是危險，該及早採取適當行動。」

然後，雙方平心靜氣坐下來，好好談一談，並誠意解決問題。這樣的夫妻，往往能把婚姻經營得更好。

夫妻的感情不是建立在討好上，而是建立在有能力的互愛上。你不是等著配偶給予快樂，而是要積極去共同創造、經營和維護彼此的幸福。

尋求十全十美

婚姻生活中當然有許多問題。兩個來自不同家庭的人，有不同的個性、態度和生活習慣，各有優點和缺點，如果你要求十全十美，認為婚姻上所有的缺點，都應該改正革除，那就會天天有衝突。其實，夫妻之間有許多缺點，如果不危及婚姻，不明顯影響生活和家計的正常運作，就要多加包容，而非不停的指責和挑剔。挑剔只會造成疏離、對抗和敵意。

懂得包容對方，是幸福婚姻的重要關鍵。我觀察過許多幸福夫妻，他們都懂得包容的藝術。包容是增進感情的不二法門。一位太太說，她從小養成節儉的習慣，但先生卻很喜歡買一些藝術品回家。這件事情讓太太覺得不能忍受，結婚後不久，就成為他們爭執和吵架的火線。他們兩個人反覆掙扎，想控制爭吵，但徒勞無功。於是我請問她說：

「先生買藝術品的花費，會不會影響家計？」

「我想應該不會，但我會覺得很浪費，甚至看不慣。我是在清苦的家庭長大的，總看不慣買那些藝術品，擺在櫃子裡，一點也沒用處，所以我心疼，忍不住對他發脾氣。有時是我諷刺他，才起衝突。」我說：

「買藝術品是他的嗜好，雖然花一點積蓄，但總比吃喝玩樂要好。妳應該肯定他的優點，包容他的缺點，這樣你們的婚姻才會和諧，妳的日子才好過。夫妻懂得忽視對方的小缺點，是走向美滿幸福的秘訣。」

心理學家詹姆斯（William James）曾說：「知所忽視便是聰明人的藝術。」我發現夫妻間太多批評和指正，遠不如肯定優點忽視缺點，要來得有益。夫妻之間凡事不求十全十美，反能增進彼此的感情。

過度嚴肅

婚姻的承諾是嚴肅的，彼此相愛和創造幸福的責任也是嚴肅的。但是生活如果太嚴肅，忘掉有開懷、幽默和豐富的興致，婚姻便是黯淡無光。

現實生活本就有許多困難，即使稱它叫掙扎都不為過，如果你抱著過分嚴肅的態度，家庭的快樂就會銷聲匿跡，憂鬱和沉悶會佔據生活空間。

幸福的夫妻通常是愉快的，神情是愉悅輕鬆的。他們懂得苦中作樂，用小笑話和幽默去彌補困難和辛苦。兩人之間有點詼諧，互相逗笑，以及無傷大雅的笑料，能給家裡帶來溫馨和輕鬆。這些滑潤劑是培養出來的，有了它就等於在兩人之間，加裝上安全閥，趣味地提醒對方注意些什麼。

一位年輕太太說，由於她的先生性子很急，早晨出門時，她總是在臉上擠出笑容，幽默的說：「你的煞車靈吧！」先生回她一個鬼臉，作出緊急煞車的樣子說：「你看安全檢查通過了嗎？」他們用輕鬆的方法，去提醒生活中的重要細節。

嚴肅的夫妻很容易隱瞞煩惱，不想讓對方知道，最常有的憂慮是金錢、健康、工作和心情，其癥結在於他們不願意在配偶面前示弱。其實，只要你放輕鬆些，開誠佈公，把它說出來，不但能分憂解悶，而且能增進雙方的感情。

生活嚴肅的人，抱著僵化的道德律，大小事情都得通過這道檢驗，老氣橫秋數落對方，這是很傷感的事。一位先生總覺得自己不夠孝敬父母，生活一直圍繞著父母，從而與太太有了齟齬。他們一起來作諮詢，交談中他們找到解決問題的方法：

「我們一起找時間陪伴父母，但也要保持小家庭的獨立性和喜樂，這樣子女才有多元成長的空間。」

此外，生活嚴肅的人，會有享樂不及時的現象。對於現在就可以享受一下的樂趣，延緩押後。他們總有許多事比樂趣重要，例如子女教育、事業發展、未來前途等等。並不是說這些事不重要，但生活的樂趣若不能及時把握，生活就會失去它的活潑和喜樂。

一位成功的商人，婚後一直都勤奮地工作，很少花時間跟家人一起玩樂。他認為等自己退休，就能有較多的時間和家人相處。很不幸的是，他剛退休太太即得了癌症，子女都已各自成家，這令他後悔莫及。我建議地說：「現在生活的水塘裡，還有一些水，可別又等到它乾涸，才悔恨自己沒有及時把握生活中的樂趣。」他們安排旅行，作了許多生活上的改變。他告訴我：「生活要及時，現在我才知道。」

錯誤的想法

有些人對於婚姻，抱著錯誤的觀念。這些想法往往與心理上的偏頗有關，然而，這些想法卻會不斷地傷害彼此的感情和幸福。這些錯誤是：

● 以牙還牙：如「他不對我好，我也不對他好。」這種想法會增加敵意和更多誤會。

● 懲罰對方：如「這是他造成的，活該！罪有應得。」這會使彼此的疏離和交惡更甚。

● 理該如此：如「他本來就應該對我好！」都忘了自己也要為對方想想，這會使對方洩氣和失望。

● 放棄責任：如「大不了離婚又怎麼樣！」這句話像最厲害的病毒，直接殘害共命鳥的健康。

● 拿對方出氣：如「每次都是你闖禍！」長期的遷怒造成彼此離心離德。

這幾個危險性很高的想法，足以損害或拆散婚姻。

經營幸福婚姻，必須有所為有所不為：有所為是增進彼此心智和愛情的發展，有所不為則在預防誤會和傷害。種一棵婚姻樹，施肥固然重要，但除草和修剪也是重要的。觀念的禁忌，正是你除草防病的處方。

13 怨偶的警訊

警訊是帶給夫妻調整婚姻生活的信使，不是傳遞壞消息的惡魔。只要處理得當，知所轉圜，它可以使夫妻避免錯誤，增進情感。如果我們有智慧，能夠重新安排，作必要的調適，婚姻就可以歷久不衰。

夫妻變成怨偶或者瀕臨破裂，是有一些徵兆的；如果能及早發現，加以調適，應該可以挽回。疏忽先兆，甚至故意不予理會，是婚姻走向破裂的主要原因。在實務工作中還可以發現，許多怨偶在面對危機時，潛意識的拒絕去挽救婚姻，好像先挽起袖子、著手搶救婚姻的人，就是弱者一樣，寧可眼睜睜地看著沉船。

有些人敘述他們的婚姻突如其來的轉變，使人感到震驚，但經過回憶和檢討，總會發現一些徵兆和信號，卻因未及早警覺，終釀成災難。一位婚姻瀕臨破裂的女士說：「一年前朋友警告我，先生常與女秘書一起出差，這樣會有煩惱。」我總認為朋友多疑，當時我還告訴他：「不會有問題的，先生的秘書是我多年的朋友，我相信他們。」不幸的是，事隔半年，他們墜入愛河，要求和原配的她離婚。

夫妻互相信賴，並非表示放棄警覺。幸福的婚姻，往往也需要小小的不安全感，才能引發關注，付出心力維護彼此的感情和親密關係。你當然要信任配偶，創造彼此互信的行動，但仍然要保持關注。注意配偶有可能失察，而屈服於誘惑，是比較現實的看法和態度。

危機的訊號

從婚姻諮詢實務工作中，可以發現形成怨偶或婚姻破裂的徵兆，背後多半隱藏著某些幽怨與不滿，或者想逃避困擾和不安。別以為婚姻警訊都來自婚外情，這是很普遍的誤解。比如說，一位在企業界工作的男士，下班回家總是無精打采，沉默地表示他累壞了；以往回到家裡，總是和孩子玩得開心，現在消沉的應付孩子，連太太跟他說話，也打不起勁來。妻子知道先生心中有事，不願吐露出來，於是為他安排婚姻晤談。經過一番交談，先生承認工作上遇到難題，他心理負擔大，困擾多，又不願意太太為他擔心，所以悶聲不響。他說：

「她太多疑了，以為我有什麼問題。我如果告訴她工作上的煩惱，她又不能替我解決，反而增加她的困擾，所以沒什麼好說的。」我為他解釋：

「把困擾說出來，在說的過程當中，能紓解你的煩惱和壓力。通常就在這時刻，你也許會有全新的想法在腦海浮現。夫人也許不能給你答案，但她的聆聽和關懷，卻能引發創意思考。回家時不妨與太太多聊聊，保持與家人正常的活動，對家庭成員也有很大的好處。」

這對夫妻經過兩次晤談，試著把困擾化作親密和創意。他們來聽我演講，也作了許多努力，有一次，在聽完星期佛學講座後，兩人走過來告訴我：「現在我們已漸漸領會老師所說交心的技巧。」

注意破壞婚姻的警訊，找出原因作適當調適，是夫妻愛情長久之道。從理論與實務工作中歸納，最值得注意的警訊包括：

- 彼此沉默：沒什麼話好說，更不再逗趣發笑。
- 不再交心：寧可對朋友吐露心情，也不願對配偶談心事。對異性朋友傾吐心事，很容易產生戀情，更容易破壞婚姻。
- 逃避現實：找理由逃避對方，最常見的是逗留在外、沉迷於網路或聲色場所、單獨上床或等對方睡了再上床。
- 衝突爭吵：意見不合，借題爭吵，易怒、失去耐性，對配偶的某些習慣無法忍受，甚至爆怒。
- 不再親暱：對性生活感到乏味，甚至應付了事，或根本拒絕性生活。
- 家居生活乏味：看到對方就心情不好，不再營造家居的樂趣。
- 生活缺乏交集：共同的朋友、興趣和活動不再，拒絕重溫過去的美好，談起往事就想避開。

夫妻偶爾有這些行為或感受，乃屬難免之事；但如果天天有這種感受，總是遇到這些不愉快的僵局，那就應該警覺，並設法調適和補救。如果這時不願意誠心面對問題，設法改善婚姻，採取對抗和抵制，那就會火上加油，把原本幸福的婚姻，推向破裂的結局。

推向絕境

一旦婚姻有了警訊，表示彼此之間存在著緊張或不協調的現象。如果你能保持面對現實、設法解決的積極態度，那麼夫妻之間的不偷快，很容易雲過風清，恢復過去的親密友好。一般而言，在面對警訊時，願意積極面對問題的夫妻，會更珍惜他們的愛情，增進彼此的了解，從而提升信任度。

反之，如果夫妻雙方在面對警訊時，彼此敵意升高，不願意面對問題，尋求解決和諒解，而形成「婚姻已經沒救」的想法，則消極的想法會助長更多負面因素，而將婚姻推到絕路。哪些是消極的想法呢？列舉如次：

- 往壞處想，覺得配偶對自己不忠之處太多，更陷於痛苦。
- 疏離和冷漠，彼此漸成路人。
- 報復、挑釁和傷害，增加緊張和敵意。
- 放棄妥協和建構新生活的希望。

首先是往壞處想，受消極思考模式所困，把一件受委屈或受傷害的事，往外擴散，牽扯到不相關的事，全部解釋在這件傷心事裡。證明配偶對不起自己，用它來指責對方的無情。結果，越是證明自己受到委屈，越覺得憤憤不平。

往壞處想還可以從時間著手：將對方一時的疏忽，想像成一輩子你都要受苦；把過去一件不愉快的經驗，看成一生無法抹滅的污點。這些都會造成折磨人的傷口。

正確的做法是積極樂觀，一件警訊就是一件警訊，針對它去檢討改進，而不是在清算鬥爭。樂觀的夫妻對於彼此之間的不愉快，把它看成單一事件，是暫時的而不是無可補救的。

其次是疏離和冷漠，開始冷戰，故意不和對方說話，不理不睬；最荒誕的是不肯告知對方為何冷戰，弄得他滿頭霧水。當警訊發生時，如果一味冷淡，誤解會更多，有時還會逼對方往外尋找知心的傾訴對象。許多半成熟的婚外情人，就在配偶的冷漠和疏離策略下，促成他們有更多話題可談，彼此之間更感到知心和緊密。這種偷偷摸摸的地下情人，他們的知心就建立在家庭悲劇上，因同情和傾訴而拉近距離，等到原來的家庭崩潰，未來這「因錯誤而結合」的兩人即使結婚，往往也不是一個健全的的家庭。這是要特別指出來的現象。

其三是報復和挑釁，透過彼此的傷害，甚至向雙方的親友和職場的同事告狀，鬧得滿城風雨；於是人多口雜，是非增加，敵意升高，兩人之間各有不同的親友支持他們，更有勇氣做出非理性的行為和決定。

面對警訊時的慌亂，加上彼此報復造成的對立，到處散佈不利於對方的言論，很容易引發婚姻破裂的風暴。請注意！這時最需要的是冷靜，是尋找溝通管道，尋求專業人員的協助。

其四是放棄希望，斷絕溝通，決心放棄婚姻。採取這種策略解決婚姻問題的人，都覺得自己受到嚴重創痛，失望之餘，相信離婚可以提供雙方，重新過安靜的生活。但事實並不盡然，婚姻破裂後，他們只換了一批新的麻煩，例如子女監護的爭執、財產糾紛和情緒上的打擊。

除非婚姻中存在暴力、人格異常和犯罪傾向，否則採取放棄的態度，在心理上要付出很大的代價。因此，要正視這個問題，不可輕言放棄希望。

自助諮商

當婚姻出現警訊，夫妻兩人應提高警覺，留意維持彼此之間的關係，對彼此的愛情，作防護保固的動作。你們既然真心相愛過，發願白首偕老過，應該有穩固的基礎，要對婚姻抱著希望才對。現在建議採取的保固工作是，安排時間，誠心與配偶談談，重點在豐富你們的生活。交談的技巧包括：

- 不是責備對方，數落過錯；而是把心裡的不安說出來。最好是在話家常時，順便提出。
- 詢問對方你可以做些什麼，來改善彼此的關係；也許你並不完全同意他的請求，但卻可以表示改善關係的意願。
- 一成不變會產生疲乏和警訊，所以婚姻經過一段時間後，要考慮增添一些新的活動，增加彼此的朝氣。日常生活中的食、衣、住、行，都有可能作新的嘗試。
- 開拓生活的樂趣；懂得一起尋歡作樂，未必一定要花大錢，一時心血來潮的散步，夜裡信步去吃個宵夜，一起租ＤＶＤ來看等，當然，計畫一起旅行也是很有幫助的。

- 彼此學習做一個關懷和體貼的人；善用警訊，從中學習相處之道。
- 互相支持和鼓勵，可以增強互信，拉近彼此的距離。
- 不合理的要求應婉拒，例如「請同意我繼續跟他約會交往」等等。
- 警訊出現時，要以改善現有生活為重心；警訊只是病癥，不是真正的病因。

警訊並不可怕，只要處理得當，知所轉圜，它可以使夫妻避免錯誤，增進情感。在物理學上有個理論叫熵，又稱為亂度，它告訴我們，所有宇宙中的秩序，都有變成無秩序的傾向。婚姻也有這個現象，從而產生失調，顯露出警訊。如果我們有智慧，能夠重新安排，作必要的調適，婚姻就可以歷久不衰。警訊是帶給夫妻調整婚姻生活的信使，不是來傳遞壞消息的惡魔。

14 爭吵的藝術

絕大部分夫妻都曾有過爭吵，不過幸福的夫妻總是謹守分寸，點到為止，而且不會落入爭到底和取勝的陷阱。爭吵必須建立在解決問題上，而不是逞強和爭勝上，這就是爭吵的藝術。

夫妻在同一個空間生活，就積極面而言，是在共同創造成功人生，享受快樂幸福，培養子女和照顧父母。因此彼此的自由，都會受到限制或妨礙，爭執和衝突在所難免。於是婚姻品質有很大一部分，決定在爭吵或衝突時，是否應付得體。

爭吵可能來自處理家務事時，意見不同；也可能因情緒不快意而引發，當然也可能是自己覺得受到委屈。但爭吵有延續性，通常是為了小事而吵，慢慢累積足夠的敵意，彼此越看越不順眼，最後形成為爭吵而爭吵，那是最愚不可及的事了。

爭吵的目的就是要贏，為了贏過對方，取得勝利，而無所不用其極，最後甚至可以採取高壓和非理性的暴力行動。結果，他們疏忽或遺忘原來要解決的事，把心力用在一場相互搏鬥的爭吵上。

夫妻發生爭吵，不管是為了自尊或為了輸不起，如果只一味想要勝過對方，無論如何要爭到贏的本身，就已經讓雙方陷於皆輸的窘境。

爭吵不是溝通，而是一種鬥爭。溝通是面對真實，對事情加以澄清，尋求解決問題的途徑，由增進彼此間的感情、共識和創意，到獲得雙方共同接受的答案。爭吵則不然，它是為了勝利或壓過對方，所用的工具不只是語言，還有賭氣、冷戰、抗爭甚至暴力。因此，夫妻相處要多用溝通，少用爭吵。如果有了爭吵，千萬注意適可而止，保持得體的風度才好。

爭勝者輸

夫妻生活在一起，不免有衝突，從而陷入風波之中。如果逞一時之快，想要勝過對方，怒火越來越烈，婚姻就面臨危機。

一對結婚不到三年的年輕夫妻，因為太太對雙親說話不禮貌，婆婆向兒子告狀，惹起風波。先生認為罪不可逭，除了嚴厲指責之外，開始疏離太太。太太也開始抵制先生，彼此賭氣和冷戰，僵持了半年之久，連性生活都受到影響。先生開始向女同事傾訴心情和受到的委屈，日久生情，衍生了婚外情。這對夫妻在接受輔導時，漸漸領悟到他們都有輸不起的想法。最後，他們都認清了事實：「我們並沒有去解決原來的問題，卻因為輸不起，而陷入長期的對抗之中。」他們的覺悟使彼此收兵，並面對婚外情，作了適當的處理。

另一對夫妻為了投資而起爭執。先生在太太的堅持之下，做了一樁虧本生意，損失匪淺。從那時候起，不管她做什麼，總是招來批評、挑剔，他用毀滅式的方法報復，要凌駕於太太之上，不斷抨擊和挑釁。每天都想勝過太太，但他所得到的，只不過是失敗的婚姻生活。

經過多年來的觀察，夫妻如果有一方採取非贏不可的態度，彼此之間的痛苦、壓力和爭吵就會不斷，除非有一方甘心低聲下氣。但即使只是低聲下氣一段時間，所要付出的代價卻會很大，包括健康和生活品質；更值得注意的是一面倒的關係，會使夫妻失去溝通，造成理性萎縮。他們生活的創意低落，適應環境變遷的能力下降，甚至在工作的表現上都會受到影響。

如果兩個人都在爭勝，那注定要劍拔弩張。夫妻都無所節制，聯手破壞感情，婚姻即使不破裂也會是人間煉獄。所以，爭吵必須建立在解決問題上，而不是逞強和爭勝上。這就是爭吵的藝術。

什麼是爭勝的爭吵呢?爭吵時如果是對著人而不是對著事，對著是非打轉而不是對著事理思考，對人抨擊而不是就事理作檢討，這就是爭勝的態度。爭勝的人有什麼特質呢？一般最常見的伎倆包括：

●以極端或不合情理的手段來達到目的，例如暴力、大吵大鬧、生病或昏厥、表示要出走等方式來取勝。

●用言語來傷害對方，例如百般諷刺、批評和貶抑配偶，用冷嘲熱諷使對方難堪。

●以退為進，用放棄正當該做的事來恐嚇威脅、處罰對方，例如晚歸、在外頭尋歡等等。

●故意惹火對方，再指責對方的不是，例如「你看看你自己什麼德性！」

●用自我傷害來取勝，例如「我死給你看！」「我已經被你折磨成這副慘狀了，你又要我怎樣！」

●表示自己能看穿對方，例如以「你看你又在玩爭勝的花招了」的態度來貶低對方。

這些伎倆只會讓夫妻的風波越鬧越大，取得虛假的勝利，並沒有解決彼此之間的問題，倒反而陷入一場鬥爭。我深信在夫妻爭吵中，爭勝者輸，必也選擇真心相愛，用溝通、了解和妥協，找出幸福的出路。

雙贏之道

夫妻二人在面臨衝突或爭吵時，可以選擇死要面子，一定要贏，而變成一場鬥爭；也可以選擇面對真實，負起責任，從解決問題中，增進彼此的愛情和幸福。

雙方在性格、興趣和價值觀念上，或有一些差異，但只要互相尊重、了解和包容，就能找出雙贏之道。一位先生說：「太太在空閒時喜歡逛街，我喜歡爬山或接近大自然。我們彼此互相尊重，原則約定一次我陪她逛街購物，一次由她陪我遊山玩水。」他們不採取誰服從誰，而採取互相妥協，創造休閒的喜樂。

當夫妻之間裁生爭吵時，除了應避免爭勝的伎倆之外，還要理性地面對問題，解決問題。這時溝通就顯得非常重要，其要領是：

- 維護對方的自尊，不能批評、責備、抨擊對方。
- 對事不對人，並為雙方的立場想想。
- 妥協並尋找解決問題的方法。
- 避免在對方情緒不穩定時談論爭議性問題。
- 注意用詞和表情。

除此之外，以下幾個觀念也有助於雙方的溝通和妥協。

首先是承認人都會有情緒。恩愛夫妻同樣會有憤怒、嫉妒和僵持。彼此有了異議或衝突，並非表示「他已不愛我」；夫妻的一方處於情緒低落或意志消沉時，不能把它解釋為是衝著自己而來的。可以婉轉的問：「我是不是做錯了什麼，惹你生氣呢？」如果不是，那就再問他：「那麼有什麼我可以替你分憂的嗎？」如果答案還是沒有，那麼就該容許他沉澱一下心情。你也不必為他難過，因為任何人都無法為自己無從負責的事情用心。

其次，息爭止紛的關鍵是妥協，既然是妥協，就得有幾分包容和寬恕。許多人為了維繫膨脹的自尊，硬是不肯妥協，也不肯作些許讓步，摩擦的火花永不熄滅。美國前總統福特和他太太貝蒂結婚時有個約定：「我們斷定美滿婚姻決不會是五十對五十的妥協，因此雙方約定互作七十五對二十五的讓步；那百分之七十五有時出現在我，有時出現在她。」

其三是決不放棄愛護對方。無論兩人發生什麼衝突，怎麼爭吵，絕不放棄婚姻。多年來從事婚姻輔導發現，目前的婚姻對絕大部分的人而言，是最好的婚姻，只要加以調適就能成為幸福的一對。有些人以為更換伴侶，可以使自己幸福，事實上離婚換配偶，如果沒有學會溝通、妥協和寬容，還是沒有解決婚姻生活上的問題。於是，雙方都要有個認識：由我來作改變，影響對方作新的調適。

其四乃由我做起，相信自己的努力，能換回全新的婚姻生活。一位男士前來諮商，他承認過去自己耍大男人主義，對太太不體貼，又跟女同事有過親密的互動，最後惹火了太太。「現在她也採取對抗的行動，每天晚歸，自稱有了男朋友，並要求離婚。雖然現在我已做了很大的改變，下班就回家，做家事，陪孩子玩，但她卻依然故我，不願意來作婚姻輔導，我真想放棄婚姻算了。」我問他：

「你愛她嗎？」他點頭說：

「我相信她還是最好的配偶，只是我以前做錯了。」

「要回復原來的恩愛，還是由你做起。」

「她每天還是冷漠對我該怎麼辦？」

「誠心對待她，要有信心和耐性，多著力在充實你們的生活，經營一些樂趣。耐性聆聽，找機會聊些家常，修好的日子不會很遠。」

這位太太可能氣未消，也許如先生所料，她正在報復挑釁；她也可能陷入取勝的動機之中，果真如此，她所謂的取勝，也不過是一場失敗。幸福婚姻不是吵出來的，也不是爭鬥可以勝出的。夫妻之間如果有歧見、誤會或爭議，需要一套建設性的方法以謀求解決，而非擊敗對方。這些積極性的作法，除了上述的要領之外，兩個人要遵守以下原則：

- 幸福有賴夫妻的合作和相互體諒。
- 安撫情緒是冷靜面對問題的關鍵。
- 記得大事化小、小事化無，有助於彼此的妥協。

絕大部分的夫妻都曾有過爭吵，不過，幸福的夫妻總是謹守分寸，點到為止，而且不會落入爭到底和取勝的陷阱。他們的爭吵藝術是，尋找解決問題的方法。

15 力爭上游

夫妻能相互欣賞對方的潛能，就能伸展彼此的自尊，產生主動性；
了解對方的需要，就能支持和維持其士氣；
有共同的信念，就有砥礪和匡正的依據；
建立進可攻退可守的環境，就無後顧之憂。

夫妻要有力爭上游的共識，在進德與修業上不斷學習，在工作與生活的新知上成長。更重要的是，能在挫折失敗中記取教訓，在低潮困頓中振衰起弊。

結婚之初，大部分的夫妻，都是沒有什麼資糧。他們要面對許多現實的挑戰，克服一波波職場和生活上的困難，然後從中汲取經驗，走出光明的人生。

成功幸福的夫妻，彼此之間有著推心置腹的共識，他們不斷學習和成長，願意檢討錯誤，也勇於改進。他們除了恩愛和深厚的相知相惜之外，還彼此協助，成就共有的生涯目標。

人生不免面對挫敗，也許是職場上的不如意，投資理財的虧損，身體健康上的打擊，或者彼此的感情風波等，務必要冷靜，設法挽救，而不是就此消極氣餒，讓問題擴大。請記得！失敗人人都會碰到，但要從中記取教訓，力爭上游。

敗部復活術

高明的夫妻，很少用失敗一詞，更不會把眼前的挫折，看成絕望或無望。他們總是把失利和挫折，視為小故障，需要維修或作些調整。因此，他們不會把問題看成無救或無解，等著它把自己的幸福吞噬。

遇到困難，你怎麼描述自己，自己就會是那個模樣。夫妻有了爭執，你把它想成失愛，你就會像落水狗一樣，變得沮喪沒有信心。工作碰到困難，你把它想成自己無能，就會失去信心，很快氣餒起來。為了使自己能再站起來，就得重振士氣，相信眼前只是一時的錯誤，經過檢討改正，就能有全新的未來。

夫妻要共同防範失敗的襲擊，因此平常必須有應變的計畫。比如說丟了工作，是否有足夠的儲蓄度過難關；發生意外，有否保險賠償以度困厄。在遇到困難時，支援你的人越多越好，這就和你平常有沒有結緣，築構成足夠的人際網路有關。平常不作防範和準備，有了困難就會變得孤立無援。

請檢討一下目前你們做了些什麼準備。對失敗預作準備的夫妻，比較有能力和勇氣度過難關；經過失敗和挫折的淬勵，他們能重新站起來。夫妻不是在挫敗時就想著仳離逃避，而是在困難之中，歷練智慧和向心力，更有勇氣開展前景，力爭上游。

控制危機

夫妻生活面臨巨大壓力，諸如配偶失業、親人逝世、家裡遇盜、子女出狀況等問題時，會六神無主，精神沮喪。人可能在生命的某個階段，遇到嚴重的困擾，從而產生情緒問題。夫妻必須懂得心理急救，冷靜應變，才不會因為焦慮、憤怒或一時瘋狂，讓生活陷於失控。當面對嚴重困擾，精神陷入危機時，要注意的是：

- 保持生活起居正常，維持體力就能抗壓；保持運動，放鬆肌肉，就能令人鎮定，不再心亂如麻。
- 換個想法，看你手中所擁有的資糧，不悔恨已經失去的東西；你注定要用手中擁有的資糧東山再起。
- 身體若稍有疲勞不適，應保持正常活動；只要你的行為健康，身體就會跟著健康有活力。
- 避免暴躁，作錯誤決定；勿驕縱你的負面情緒，它會令你生病或沮喪。

夫妻面對生活危機，要保持互相提醒，讓心情安定，思考清楚，行動的方向正確。有些生活上的危機，乍看強度很大，但影響並不嚴重，例如為了意見不同而強烈爭吵，覺得配偶不尊重自己，擔心對自己不利的事發生，從而跌入煩惱的谷底，走不出來。這時要採取理性澄清的方法，反躬自問：

- 我在煩惱什麼？把狀況對自己說清楚，不可以含糊籠統。
- 這件事是必定發生？或者可能發生？生活中可能發生的災難，只稍作預防即可，無須過慮而造成煩惱。
- 如果確定要發生，那麼這件事是你能控制的？或是你不能控制的？如果是自己不能控制的，煩惱也沒用；如果是自己能控制的，那就想清楚該怎麼做。
- 煩惱時請弄清楚，這件事有多重要，它真會影響你，抑或你想像它會造成損失？如果是後者，你該放下它。

大部分的煩惱是想像來的，不是真實已發生的事。會捲入煩惱風暴的人，總是把一件不如意的事，擴大延伸，想像它的蔓延，才造成嚴重擔心，失去理性思考和積極的對應能力。

夫妻生活免不了有不順遂的時候，如果把它變成情緒上的困擾，不順遂才擴大為真正的危機。因為混亂的情緒和情感，會使人絆倒。請記得：不要讓不愉快的心情，控制整個心境和思考。該做的是：冷靜下來，去對付那件具體的事，設法解決它，而不是製造紛繁，把自己困在其中，一籌莫展。

應變態度

婚姻是一個複雜的社會行為，兩個來自不同家庭背景的人，興趣、個性和能力各不相同，要面對快速變遷的社會，當然不免意見相左。家庭生活和職場上的衝突，管教子女的態度和方法，甚至與父母互動的摩擦，理財與投資的異議，都會引起爭執。如果兩個人執意衝突，不懂得彈性應變，爭吵時起，大部分時間都耗在批評、賭氣和敵意上，這就是家庭內耗。它抑制了雙方的創意，導致安全感的流失，合作應變的效能也越來越低落。

內耗的結果，斷絕彼此的談心和觀念溝通，轉向別人傾吐心情和委屈。如果對象是異性，就很容易引起相知相惜的感情，自制力差的人，很容易衍生是非，或造成婚外情。因此，要特別強調應變能力的重要。只針對一件事去商量解決，避免旁生枝節，才是聰明的夫妻。

一位太太婚前就缺乏安全感，婚後先生要求她做家庭主婦，多年來在家料理家務，照顧公婆、子女，很少外出參加活動。於是，對先生在職場上的交際管制很嚴，經常爭吵。時日既久，先生漸漸失去耐性，兩人於焉鬧翻。這對夫妻可以繼續衝突，急轉直下而離婚；但他們懸崖勒馬，尋找專家協助，作了新的生活安排：白天孩子上學之後，她參加就業訓練。從參加就業訓練開始，夫妻也展開了相敬如賓的實踐計畫。

夫妻在面對問題或挑戰時，萬不可抱著失敗主義的想法，認為大勢已去，消極洩氣，不想面對現實解決問題。沒錯，人在面對難題時，總會浮現消極的想法，但只要強制自己停止這樣頹唐下去，就會改變思考的方向。你一定有過這樣的經驗，原先心情低落厭倦，正好朋友邀你一起登山或郊遊，半天下來你便開朗了起來。

換個心境就有不同的心情，換個好心情就有全新的想法和行動力。樂觀積極能推動活力向前，憂愁沮喪則令你陷入困境。

互相鼓勵啟發

夫妻想要一同力爭上游，就得懂得互相鼓勵。來作婚姻諮詢的人常說：「我不斷鼓勵他，但還是暮氣沉沉。」我問她說：「你怎麼鼓勵先生的？」她說我經常告訴他：「我鼓勵你積極奮鬥。」鼓勵要透過有效的過程，才能對配偶發生作用，光說「我鼓勵你上進」，不但達不到效果，有時還會增加對方的心理壓力。

夫妻互相鼓勵和啟發，要出自真誠的欣賞，看出對方的優點，肯定他、支持他，就能產生力量。夫妻互相鼓勵和啟發的原則是：

- 欣賞配偶的長才，對他抱以厚望。
- 了解配偶的目標和需要，才能鼓勵和激發其潛能。
- 學習型的家庭通常都訂定一個崇高的中心信念：他們容許獨立自主的發展，但卻也用共同的信念來互相砥礪。
- 建立進可攻退可守的環境，比較容易勇敢面對新挑戰，作新的嘗試。
- 彼此讚美成就，雙方的士氣都會提高，信心和自尊得到成長。

在拜訪許多幸福夫妻中，可以發現他們彼此互相欣賞，並肯定對方的能力和貢獻。即使是家庭主婦，與先生之間的互動，也都具備上述的特質。從他們的語言和表情中，確實發現他們彼此肯定，互相欣賞，同時在穩定的生活基礎上，懷抱著對未來的希望。

我的家庭有一部法典，那是結婚之後，秀真和我一起建立的崇高信念：自治、自制和成長。我們隨著年齡和情境變遷，不斷作新的詮釋，用在生活上，用在教育子女上，用在各自的事業和人生上，它一直給我們許多啟示。

夫妻能相互欣賞對方的潛能，就能伸展彼此的自尊，產生主動性，發揮所長；了解對方的需要，就能支持和維持其士氣；有共同的信念，就有砥礪和匡正的依據；建立進可攻退可守的環境，就無後顧之憂。力爭上游的條件就在這兒。

最後特別指出，夫妻雙方內心的對話，對婚姻的幸福有絕對的影響力。如果所想的都是不安、缺乏互信、悲觀、退縮，那麼婚姻生活就變得灰暗消沉。如果想的是積極和信賴，相互欣賞鼓勵，就會力爭上游，婚姻幸福。

16

生活的興致

觀察幸福夫妻和怨偶之間的差別，前者興致高，心情開朗快樂；後者興致低，容易挫折和沮喪。

興致好的人，比較有彈性和創意，得失心不那麼強；興致低的人，傾向於執著僵化，無法跳脫封閉思想的窠臼。

有興致的人可以使婚姻生活變得生動活潑，經營的家庭也必然多采多姿。因為他們有喜樂和風趣，有生動的交談內容，還有分享不完的生活體驗。

有興致的人，對周遭事物保持好奇和共鳴，一種天真的主動性，驅動著他去觀察、學習和欣賞。有興致的人，在日常生活中，發現許多樂趣，學到許多新知，並領受它的啟發。興致是生活豐收的根源，它是學習來的，不是天生具備的。夫妻若能學習這種心理特質，生活自然活潑、快樂和豐足。

有興致欣賞別人，容易建立良好的人際關係，包括夫妻之間的互動，也會親密恩愛。有興致觀察和參與活動，就學會廣博的知識和多方面能力；有興致安排生活，就有喜樂和溫馨。你有興致逛街，才會買到喜歡和實用的東西；有興致與朋友閒話家常，才會有生活分享和友誼；有興致留心烹飪，家人才會有口福。夫妻的生活和幸福，就靠興致來調味，靠興致來創造。

我用興致而不用興趣的原因在於，興趣要深入其中，具備專門知識和技巧，才能發展為興趣。興致則不然，它是一種驚奇和投入的心理特質，能引發你接觸周遭的人與事物，觀察、欣賞和會心。它像兒童一樣，對周遭保持新奇和探索。

你不一定對繪畫有興趣，但卻能對畫作和展覽有欣賞的興致；你未必有興趣烹飪，但卻可以有興致做菜；你未必有興趣寫詩、研究詩，但卻可以有興致詠詩和欣賞。

在日常生活之中，有興致的人能領受到許多樂趣和心得，沒興致的人則顯得貧乏蒼白。同樣到郊外散步或登山，有興致的人賞心悅目，接觸到的風光景物，栩栩如生，引起心靈世界的共鳴。缺乏興致的人，覺得郊遊登山只是一種活動，完成它就回家休息；他們除了參加活動之外，得不到喜樂和共鳴，所以不喜歡參加。

有興致的夫妻，生活總是豐收，性情常保喜樂。他們不需要許多財富，就能活得富有；不需要高尚的享受，每天有取之不盡的愉悅。觀察幸福夫妻和怨偶之間的差別，前者興致高，心情開朗，有較多快樂；後者興致低，容易挫折和沮喪。興致好的人，比較有彈性和創意，得失心不那麼強；興致低的人，傾向於執著僵化，會掉落在自己的想法中，無法跳脫。

保持開心

心情是指一個人持續性的情緒。心情開朗，對於周邊的事都比較有興致；心情低落，感到沮喪和厭倦，甚至是焦慮和憤怒，生活興致就大大的減低。

人因為心情低落或長期陷入焦慮，生活漸漸失去興致，得不到喜樂，失去汲取心靈生活的意義，才變得空虛無助、蒼白難耐。心情上的痛苦令他們走向酗酒、吸毒、沉迷與追求淫逸之樂。越是情緒低落，越是沒興致；越沒興致，心理生活越空虛和難耐。

於是保持開心，是創造生活內容，維持更好興致的根源。怎麼使自己情緒變好呢？我的建議是：

- 多作耗氧運動：要改變情緒，最重要的是每天作耗氧運動，如慢跑、疾走、騎腳踏車、游泳等。
- 調整家裡的顏色：心情煩躁或易怒者，窗簾和牆要避免紅黃色系列，沮喪憂鬱者則避免用藍黑色系列。
- 應用音樂來調心：浮躁時先聽狂熱搖滾或節奏快的音樂，這能使心情放鬆，接著再聽古典優雅的樂曲；心情憂鬱時先聽哀傷的音樂，等心情抒發之後，再聽輕快的音樂。

- 家裡的光線要得宜：情緒低落或憂鬱，與日照和家裡的光線有關，尤其是冬天日照短，家裡的燈光要適度調亮。

情緒得到調和，心情開朗，就會有興致與人交往，做些有趣的活動，生活中自然能得到較多的快樂。

與家人和睦相處

人際關係和諧的人，心理防衛機制降低，不再抑制自己的感情；心靈比較悠閒自由，生活的興致容易啟發出來。防衛機制下降，人的情緒也比較活潑，多變化和富彈性，於是感受性提高，生活的興致也跟著提升。

能與別人和睦相處，會產生相屬、安定和溫馨的感受，這時人的醒覺度提高，專注和感受性都甦醒過來，無論是生活的興致、學習的專注或思考的清醒度，也隨之增加。心理學家舒茲（William Schutz）研究發現，人際關係不良，不能與人和睦相處的學生，其學業成績和適應能力，都會受到負面影響。因為他陷入孤獨、不安和冷漠，所有的興致都跟著提不起來。

夫妻和睦是生活興致的首要條件。經常爭吵、賭氣和敵視的夫妻，不容易有心情創造生活的樂趣，對於周遭的事物也變得乏味。夫妻與家人之間彼此和睦，感情交流融洽，就能帶動興致，分享心情，交換心得，共同締造家裡的新鮮事。和睦相處之道，最重要的是體會別人的感受，協助他，給他尊嚴、信心和希望。

和睦不是委曲求全，硬壓抑著自己的感情，這樣長久下來會變得沮喪和憂鬱，甚至由於積鬱太久而突然爆發，造成嚴重的傷害，如暴力、精神失常或自殺等等。和睦是一種人際交流，透過交往而有相屬的安全感，經由相知而有互信的安定，由於感情的交流而有親密。當人際的基本需求得到滿足時，就容易發展個人的潛能，生活的興致也就自然打開。

人際和睦的夫妻，不但有得道者多助的感覺，而且他們純真的感情，會自然流露在生活之中，發展出豐富的興致。

保持童心

夫妻已是成年，當然要有成熟的態度和心智，面對現實，負起責任。不過如果我們只為了現實與功利，疏忽生活的興致和快樂，那就得不償失。於是，成年生活不能沒有童心來作調劑。透過童心所帶來的好奇、純真和歡樂天性，使我們能在忙碌的現實生活中，保持輕鬆和歡樂的心情，並有興致迎接各種正當的喜樂。

童心的第一個特質是會玩。在我家門前的公園，常看到為人父母的人，帶著孩子一起遊玩。最有趣的是一位年輕父親，他把公事包放在石凳上，解開領帶，陪孩子騎腳踏車、踢皮球，與孩子們逗笑。這個年輕父親經過一整天奔波勞碌，但卻在公園裡表露他的童心。

會玩的人，有興致安排郊遊和旅行。他們以開放的態度看待人生，以自然喜樂的心情，讓生活內容更加豐富。夫妻之間保有童心，在居家生活中有較多逗趣，在外出旅行時有真正的玩興。他們懂得辛苦的工作，也能在放下工作之時，盡情遊戲和休閒。

在工作之餘懂得玩耍的人，精神得到調劑，生活過得更充實愉快。

童心的第二個特質是好奇。保持好奇和驚奇是成人維持創意和快樂的必要行動。成人由於工作忙，俗務紛繁，好奇心漸漸遲鈍，驚奇之心也隨之窒息。因此，大部分的成人看不到白雲像神仙一般悠閒，蜂蝶有如魔杖中變化出來的精靈，聽不到雨聲的曲調，撲捉不到涼風的輕袖。雲是白的，山是綠的，鳶飛魚躍，看在兒童純真的眼裡，都能引發想像，發出驚奇的疑問。好奇使我們發揮想像力，思索超越自我中心的問題，讓我們開懷、恬靜和喜樂。

童心的第三個持質是真實。兒童沒有隱瞞不實的心機，卻有接納真實的雅興；他們沒有計較，更不搬弄是非，所以有用不完的興致，迎接生活中每一件事物的雅興。夫妻若能保持真實就有交流和溝通，就不會有撒謊和隱瞞，當然就不發生婚外情。真實能保護夫妻，免於庸俗化，依照他們的想像，在生活和工作上，流露活力和創意。

童心的第四個特質是赤子之愛。這是無邪、真情流露的愛。他們愛寵物有如愛自己，他們的愛沒有條件。他們會在你責備，甚至責罰之後，摟著你說：「無論你疼愛我的時候或責罵我的時候，我都一樣愛你。」童心是赤誠的。父母喊窮的時候，他會抱著撲滿給你：「媽媽！這些錢給你繳房屋貸款。」我們若能從童心中，得到些許啟示，生活就變得更有愛心，更有興致。

夫妻該回過頭來向孩子學習，保有一些童心，生活才會變得活潑有興致。孩子的童心，擅長以純真的心看人和事物；成人必須喚回童心，才能看到平常疏忽或看不到的事物。

我之所以重視生活興致，是從秀真那兒感染學習來的。她有的是興致，別出心裁地嘗試烹飪新招，看到一篇好文章欣喜地念出來分享。她有的是雅興，邊做家事邊哼著曲子，放下手中的工作，就能與家人閒聊談笑。她愛插花，但都是自創的流派，愛泡茶卻有自己的茶藝。她給孩子和我，示範了許多生活興致，帶給我們幸福和快樂。

夫妻若能多培養生活的興致，家裡的客廳雖小，卻有著無限的喜樂。生平只是個小市民，但擁有的富貴，有如天堂寶山。

17 雙薪族的生活

夫妻要有時間單獨相處，在不受干擾的情況下輕鬆地想想，生活中應該面對的問題，並就家務、財務、子女教育、父母和親友、健康、性和感情、社交應酬與宗教信仰幾個向度，討論有哪些該做的事及怎麼做。

隨著男女平等觀念和制度的推展，現代社會中夫妻兩人都上班就業的雙薪族，已經很普遍。為了工作，為了孩子、家事以及生活上的需求，總是忙得不可開交，這是雙薪家庭必然會碰到的壓力。

雙薪族之中，有些人容易心煩氣躁，把脾氣發在對方身上，影響彼此的感情；但是很多雙薪夫妻，他們進退有序，把家庭照顧得有條不紊，事業也發展得很好。我請教他們怎麼辦到的，大部分的人認為，共同負擔家計，一起外出工作，是生活上很自然的事，於是「我們互相合作和體諒，做到苦中作樂」。

雙薪族的幸福夫妻，其生活最大的特色，是懂得在忙碌和緊張的生活中，保持稍安勿躁。他們各盡本分，互相支援，不但耐得了煩瑣，且不對配偶亂發脾氣。他們總不時提醒自己，現在該怎麼解決，而不是氣急敗壞的抱怨對方。

一對夫妻舉自己的例子說明。本來說好下班時由太太去學校接孩子回家，因為先生有重要會議在進行，但下班前太太卻臨時接到老闆指示，要加班把業務報告做好。臨時的變化讓夫妻兩人心急如焚，最後，是打電話商請孩子同學的父母，把孩子先接去同學家，等晚些他們才去接回來。他們說：「還好平常我們與孩子班上同學的父母，都有密切的聯繫，必要時幫忙互相照顧彼此的小孩，我們才能度過難關。」他們接著說：「雙薪族雖然生活步調比較緊湊些，但只要稍加安排，忙碌的現實生活中，卻也創造了許多溫暖和成就感。我們學會與其他家長合作，多交了些朋友，孩子也有親密的同伴，說來忙碌未必全是負面的。」

雙薪族的家庭生活，只要懂得安排，還是可以過得豐富有趣。夫妻需要耐性和創造力，把生活資源作活潑運用，不但可以把家經營得溫馨，夫妻間的凝聚力和信任感，也隨之增加。

夫妻要避免用短視的眼光，去看婚姻生活，以為只是兩個人如膠似漆的熱愛。不錯，兩人的恩愛是很重要的，但是夫妻的愛必須發展成生活的創意，形成生活的默契，創造足以照顧子女和父母的家庭生活，進而開展自己的事業，愛才能持續發展它的光與熱，創造溫馨的愛與力量。以下針對怎麼合作持家，提出一些建議。

討論家務的態度

夫妻要學習討論家務，形成共識，採取行動，才能在忙碌緊張的生活裡，有效解決問題，提升生活的效能。有不少夫妻，每當討論家務事，很容易產生爭執，最後不歡而散，不但家庭氣氛不好，在處理生活問題上，也顯得效能低落。懂得討論問題的技巧，不但能增加彼此的感情和信賴，而且可以發展有效面對生活與工作的本事。它的基本技巧是：

- 討論問題的目的是解決問題，而不是追究誰對誰錯；討論事情，而不是對人加以批評。
- 可以說出你的感受，但不可以抨擊對方；說話時要清楚，不可以以偏概全，比如「你從來不洗碗盤」、「從未替我想一想」，這種話是很容易引起爭執和傷害的。
- 仔細聆聽，切勿只顧想著自己要說的話；彼此用對方的觀點看問題，再想想怎麼解決。
- 記下解決問題可能的方法；把雙方提出的問題解決方法仔細分析，找出最可行的策略。
- 永遠記得，討論的正是你們的生活，所以要以負責的態度和理性的思維去面對，這樣才能消弭歧見。

● 懂得蒐集資料，問問別人怎麼解決類似的問題；參考他人的經驗，有助於開拓生活效能。

夫妻所要面對的家務事不會自動的消失，必須負起責任，共同思考解決，而不是互相推卸責任。

理出該做什麼事

大部分的雙薪族，以為自己知道家務問題在哪裡，其實並不盡然。總是在出現困難時，才手忙腳亂，或者互相批評或爭執。因此，夫妻要有時間單獨相處，在不受干擾的情況下輕鬆地想想，生活中該面對的問題，並就家務、財務、子女教育、父母和親友、健康、性和感情、社交應酬與宗教信仰幾個向度，加以思考，列出有哪些該做的事，然後討論怎麼做。每次只討論一個向度，列出該做的事。

就拿家務來說，這是雙薪族共同要做的事。花心思整理一下，有哪些家務事要做，彼此作個分工，但一定要保持分工合作的默契。下班回家有人進廚房做飯，就要有人燙洗衣服；有人洗碗，也要有人拖地板。也可以兩個人共同處理家事，約好時間就可以進行，培養一起做家事的樂趣。有了孩子之後，只要他能做的家事，就要帶著他一起做，這能培養其勤奮和能幹，又能讓他享有參與做事的成就感。

財務方面是夫妻感情和睦重要的一環。因此，我對婚前諮詢的新人，總是要他們面對現實，仔細討論家庭財務管理。討論的主題包括：你們準備怎麼管理財務？是各自管理自己的財務或者共同管理？具體作法又如何？還有我會引導他們思考用錢習慣，例如：你們了解彼此的消費習慣和用錢方式嗎？你們認為用錢需要先徵求對方同意嗎？你們曾商量過未來的財務狀況嗎？通常，這些新人經過指導之後，會就他們未來家庭財務管理，建立具體的規範。這能避免彼此的爭執和糾紛，進而促進合作同心，使婚姻幸福穩固。

財務管理一定會涉及父母及子女的撫養和教育，如果沒有一套財務管理的規範，就很難作正常穩定的撫養和教育支出。如何規劃和執行，夫妻應彼此商量，施行起來才會有章法。財務管理越上軌道，夫妻的生活越幸福。

在子女教育方面，夫妻必須騰出時間，與孩子相處，一起歡樂交談，並協助孩子學習。夫妻必須針對孩子的成長，就不同年齡提供不同的協助，並幫助他們克服適應上的困難。夫妻清楚知道該為孩子做什麼，就能合作無間，去履行該做的事，這樣孩子才會正常健康的發展。因此，你必須閱讀這方面的書，商討如何一起協助孩子發展和成長。

有關親友交往方面，怎麼與配偶的家人交往？多久應該探望他們？你們曾夫妻一體與別人交往嗎？用什麼時間拜訪朋友和長輩？對於這些問題，都要有所思考，並應列出親友名冊，記得與他們保持聯繫。親友的往來能帶來溫馨，形成互助的力量，這是家務事的一部分；疏於這方面的經營，會令你的人生感到孤立和寂寞。

雙薪族工作繁忙，經常有加班的緊急狀況，與親友保持來往，互相照顧合作，能提高適應現實環境的能力。你想得到這些友誼和溫暖，自己也必須能提供協助。

夫妻當然要關心彼此的健康，應該特別留意以下課題：健康上是否有困擾？可有過重、睡眠不好、虛弱、憂鬱、情緒不穩等問題？想想看，該怎麼做。此外，夫妻性生活如何？感情方面又如何？彼此互相支持或者經常爭吵？想想看，你們該做些什麼。

夫妻之間若能把生活事務拿出來一起討論，找出解決問題的方法，互相支持合作，即使再忙，經過安排之後，還是可以把生活過得很充實。

雙薪族的生活，沒有安排就會雜亂無章；知道做些什麼、怎麼做，就能有條不紊，在忙碌中仍然游刃有餘。

保持彈性和創意

雙薪族一定要學習耐心和彈性。有耐心就不會急躁，有彈性就會有創意，在生活上做適當的安排。彈性表示能分輕重緩急，把重要的先做好，而且時間安排比較有效率。僵化使忙碌的雙薪族陷入緊張和困擾，彈性和創意則帶給他們幸福和生活的豐收。

要避免把時間和精力，放在爭吵和僵持上。保持彈性和創意，生活才會更有效能。這方面提出以下建議：

- 要分清楚輕重緩急；父母或子女身體不適，需要你及時處理，當然要列為優先，但公事緊急又該怎麼辦呢？你要設法找到一個替代方案，讓兩者同時進行。但在一般狀況下，要先公後私。
- 尋求代勞解決問題；雙薪族在家時間十分珍貴，有些家務可定期找人打理。

- 弄清楚自己有多少時間和精力，如果時間不夠，就要設法割捨可以割捨的兼差。
- 透過邊做家事邊聊天的方式，增進家人相處的親密情感。
- 夫妻要互相諒解在工作上的不得已所帶來家庭生活的不方便；包容使雙薪夫妻更相知、更相珍愛。
- 家庭生活不是一成不變，有時需要經營一點驚喜。出其不意，做點新鮮而討好對方的事，對忙碌的夫妻生活，可以增加情趣。

雙薪族夫妻要面對許多現實的挑戰，除了上述家務之外，他們也要合力面對職場的調動，社會變遷所帶來的危機和失業，以及財務經濟的波動等。但是一對能幹的夫妻，透過家務的歷練，他們早已有了默契和能力，去應付不斷挑戰他們的新局，並能將挑戰轉化為幸福。

18 養兒育女

撫養子女，把他們教育好，是家庭生活溫馨和充滿希望的事。稚子話語的天真，能喚起漸漸庸俗化的心靈；他們的驚奇和無邪，給生活增添了許多樂趣；就寢前的呼喚和擁抱，總是沖淡了撫育他們的辛勞。

結婚之後要不要養兒育女呢？上一代的人會毫不猶豫地說：「當然要傳宗接代。」不過年輕一代，會有部分人說：「我不想生小孩，太麻煩。」要不要養兒育女，視個人價值觀和身心因緣而定，這裡提出幾個觀點，供大家參考。

生命的天性

養兒育女的確是件辛苦的事。尤其是忙碌的現代人，除了工作、社交和流連於網路之上，就已經精疲力竭。剩下一點時間，夫妻恩愛相處，安排愜意的生活，似乎難有時間養育子女。不過，請不要只顧慮養育子女辛苦的一面，而捨棄擁抱孩子的快樂，與稚子歡笑的充實感。

生命是一個付出的過程，有付出才會有豐收。願意為繁衍後代負起責任，才能領受親子之愛的快樂。夫妻在養兒育女之中，開始發展進一步的默契，為子女的成長作更緊密的結合。許多夫妻到老年時，能發展出慈祥和藹的氣質，也是在照顧子女中漸漸成長的。

生兒育女是生命世界的天性。生命的延續是為了互相扶持，共同創造幸福。人雖然都有私心，但卻需要部分的無私和責任，才能活得幸福。生兒育女不僅包含為自己繁衍後代，也同時貢獻了無私的心力，負起提攜照顧另一個新生命的責任。

生兒育女有時間性，錯過那段時間，生育就有許多顧慮。很不幸的是，人在年輕時不知道未來膝下沒有子女的情境，更無法體會年老時孤單的心情。對於不打算生兒育女的夫妻，要慎重仔細思考才是。

就個人的經歷，生兒育女是我人生中最精采的決定。雖然付出許多心血，但也領受諸多溫馨；雖然要辛勤的照顧，但在心智上則有豐富的成長。看著子女成長和茁壯，也同時領會生生不息的生命，以及無盡的喜悅，因為秀真和我都參贊了造化的力量。

父母親無論年歲多大，只要看到子女，都會喜出望外。每一對夫妻都將衰老，不生育子女的人，就無法領會箇中的溫馨和安慰。有人質疑：「如果孩子不爭氣怎麼辦？他生病殘廢怎麼辦？就是因為顧慮這些，所以不敢生小孩。」我的回答是：「人生本來就有風險，所以要勇敢認真的面對，寬心的承擔。如果不能勇於投身生命的活動，生命就變得單調蒼白；如果你多做些準備，就能享有辛苦後的豐收和喜樂。」

又有人主張：「我們工作太忙，沒有時間照顧孩子，所以不生兒育女。」這兒也要指出：「工作是為了生活；生活是目的，工作是它的手段。如果因為忙於工作，而疏於經營生活，就會是一種倒錯現象，這種態度將妨礙幸福人生的開展。養兒育女是生活的一部分，它能帶來溫馨和快樂，怎可因忙於事業，而放棄生活中重要的一環呢？」

如果夫妻不孕，那是天意，就另當別論。因緣如此，就得參透它，看出不同的人生價值。

社會學家指出，新一代夫婦不生兒育女，會造成人口失調。尤其是高知識分子，不想生育子女，低社經階層的人，卻多生育，更易造成反淘汰。這是大家要負起的社會責任，也是你個人生活品質所繫。

所以，建議你要生育子女，它對婚姻的幸福，具有正面加分的效果。在養兒育女方面，提出以下建議，以提升生活效能。

婚姻與子女

婚姻關係儘管親密燕爾，生活還是要多方面經營的。不是只有夫妻兩人，人需要社交和親友，需要休閒和旅遊，當然也需要親密談心和獨處。不過，長時間沒有小孩，就缺少活力和天真的稚氣。撫養子女，把他們教育好，是家庭生活溫馨和充滿希望的事。稚子話語的天真，能喚起漸漸庸俗化的心靈；他們的驚奇和無邪，給生活增添了許多樂趣；就寢前的呼喚和擁抱，總是沖淡了撫育他們的辛勞。

撫育子女對於雙薪族而言，確是一項勞心勞力的沉重負擔。但懂得苦中作樂，卻也其樂融融。看著孩子成長，就有安慰和滿足，這是生命的一部分，是溫馨的，也是燦爛光彩的。

有人問我：「夫妻都上班，又要照顧子女，生活步調緊湊，怎麼有時間享受輕鬆和閨房情愛呢？」我拿這個問題請教許多幸福夫妻。他們的回答是：「再怎麼忙都阻止不了夫妻的親熱。只要他們建立互愛和親密關係，就算疲倦或有許多事要辦，也阻止不了熱情蕩漾。」還有夫妻說：「如果彼此之間缺乏親密熱情，即使安排到旅館裡度良宵，也會冷漠而興趣低落。」

找不出時間談情說愛的雙薪族，正好由於生兒育女，必須互助而多聚首。孩子們從父母攜手合作中，學到了家庭生活的正確態度。只要有恩愛，撫育子女時，更能培養彼此貼心互助的穩固感情。

不過家庭生活，仍要以夫妻感情和睦為主體，夫妻恩愛，才能攜手合作，把孩子帶好，把家事料理妥當。因此，找時間兩人多聚首談心，是很重要的。一對夫妻說：「我們倆通力合作，晚上回到家，一個下廚，另一個忙著替孩子溫習功課。晚餐上桌，大家邊吃邊聊，其樂融融。接著一起收拾，全家動員，一會兒就能享受清閒。」

我發現懂得安排和行動，要比只會空想和計較的夫妻，來得幸福。他們的特長是在忙中偷閒，在家務工作中互通款曲，在與孩子相處中建立起家庭的愛和溫暖，使家庭成員充滿向心力。

在幸福婚姻家庭中成長的孩子，人格發展健康。把孩子帶得身心健康的父母，自己也從中學到豐碩的精神力。它是生命成長中非常重要的一環。

親子互動

養兒育女讓你看到、欣賞到生命的成長，這是生命最後要豐收的一部分。你要豐收的不是他們成績好不好、未來的地位如何或是有什麼傑出的成就，而是你怎麼讓他們生活得有愛和智慧。在你生命旅程要結束時，你會回顧它，然後說，現在我知道生命就是這樣的豐收。

孩子打從生下來，你看著他漸漸懂得許多事，學習力強盛；他會逗你笑，惹你憐，貼你心；他很快會說話，會走路，會變成你的好幫手。他天生就主動想幫你，除非你限制他、看低他，保護得太過而壓抑他的天性。有你適當的照顧，並容許他參與家事，自然和他談話，孩子不久就成長得聰明能幹。

幼稚園大班的孩子，已經會幫忙擺碗筷、洗碟盤，他會有興致幫你揀菜、洗菜，只要你教他、欣賞他，就會越做越好。帶孩子做家事，邊做邊聊天，孩子很快變得能幹。孩子從家事中學會的基本能力，能拓衍成多元智慧的發展，對於未來學習任何東西，都有正向作用。

父母親從國小開始，就能請孩子協助做菜。你把他們當助手，有助於發展其信心和自尊；你指導他做能做的家事，孩子會越來越能幹。他的勤勞會遷移到學校課業和未來的生涯，其心力和手藝，會化成未來的思考和創意。親子間的互助，開展了家庭幸福。

不讓孩子參與做家事，或者不教導而批評他做不好，是未來不肯幫忙做家事的起源。

親子一起閱讀，尤其是孩子上小學以前，父母親若能每天唸一些童話、傳記、遊記、科學新知給他們聽，自然形成學習型家庭，子女的心智發展和學習力，會突飛猛進。

帶孩子一起生活，一同學習和探索，能給家人帶來幸福和快樂。這樣的快樂，往往也是夫妻同心恩愛的一部分。此外，電視和電腦網路及各類媒體的不當使用，花掉太多時間，是阻礙夫妻交心，以及妨礙親子交談的主因。親子不能建立同心，形成家庭一體，才造成諸多家庭和夫妻的失和。因此，如何有效控制電子媒體介入生活的時間和層面，增加彼此的交談和活動，殊值重視。

家庭教育

夫妻養兒育女之鑰，首重做好家庭教育。生活在這快速變遷的社會裡，究竟家庭要教給孩子什麼呢？是不是隨波逐流，照著潮流任其發展呢？我認為有遠見的夫妻，知道不論社會怎麼變遷，有幾樣東西是不會變的：要學習快樂勤奮的生活，知道與人合作，誠實有愛心，並懷著正確的信仰。夫妻一起生活，必須表現出以下幾種身教才行：

- 生活在有愛心的家庭：孩子從身教中學會以愛待人，以愛處世。
- 學習樂觀勤奮的態度：子女從父母身上學會樂觀勤奮，碰到挫折或逆境時，知道互相鼓勵和支持。

●給孩子歡樂的機會：在合理範圍內聽其自然，告訴他們怎麼玩耍，如何活得開心；活得不開心是生命的一種缺憾。

●學習誠實：它是受人信賴的品格，只要夫妻在生活和工作中表現誠實的行為，孩子有了表率，自然誠實。

●給孩子正確的信仰：讓孩子心靈生活寬闊友愛，獲得高級宗教的啟示。

夫妻必須有愛、樂觀、勤奮、誠實、歡樂和信仰，否則孩子無從學到這些寶貴的人生態度。當然，這些態度與價值，也是維護恩愛夫妻，愛情永固的基本因素。

養兒育女之事，是婚姻幸福和夫妻精神成長的重要一環。我們從養育子女之中所得到的啟發和溫暖，遠比我們付出的辛苦還要多。

19 孝養父母

與父母親和諧相處，彼此之間保持分寸，互相扶持友愛，是幸福婚姻中非常重要的生活環節。

夫妻善於孝敬父母，可以得到許多啟發；父母得到子女的孝養，則得以安養終老。

孝養父母是人生很重要的大事之一。父母是我們之所從出，我們受他們的撫養、教育、提攜和保護，每個人潛意識裡的安全感，都是從父母處得來的。因此，沒有孝養父母，等於是動搖心靈生活中的安全感。

養兒育女和孝養父母，是人生很重要的兩個活動。沒有它，生活缺乏豐富的內涵與價值；忽略它，精神生活會有留白和空虛的現象。這兩件事情在年輕力壯時，不會覺得它的重要，但一到壯老年，如果你讓它留白，就會有悔之已晚的感覺。這是每個人生命過程中，血肉相連的一部分，除非不得已的因素，勸你不要缺頁。

夫妻與雙方父母間的關係不僅密切，而且影響深遠。家庭生活的文化傳統，從中交遞；感情生活的溫馨，從中醞釀；老人的安全感和生活照顧，靠著它來維持；晚輩的生活態度和家庭責任，透過它而傳承。

夫妻的幸福必須把孝養父母納入考慮，否則會有精神上的殘缺。

每一對夫妻都會有他們的父母情結。因為父母親保護和扶養他們，是他們安全感的來源，也是自我意識的源泉。如果不與父母保持來往，會有潛意識的不安；不理會、不奉養自己的父母，則會產生一定的焦慮，因為他脫離了受保護的潛意識。

因此與父母關係緊張，乃至不肯孝養父母的人，通常都會有情緒生活的難題，或自尊不健康的現象。那些肯負起責任孝養父母的人，除了獲得安全感和自尊的健康之外，最重要的是透過反哺的責任和價值，找到或領會到自己健全的自我功能和信心，相信自己有能力獨立和強壯，從而產生安全感和自我肯定的自在感。

父母情結

人從嬰兒到成年，長時間依賴父母，靠他們的撫養、保護和教育，形成依賴和被保護的潛意識，這就是我所謂的父母情結。

一九八五年我首次注意到它的驚人影響力。一位中年人經常頭痛和胸悶，因為找不出原因，經人介紹登記我的諮詢，但是經過幾次諮詢，並沒有任何進展。有一次晤談已經結束，要離開時他長嘆了一口氣，不經意的口吻說：「有件事一直很困擾我，真教人頭痛。」我直覺到關鍵和心結就要浮現出來了，所以又請他坐下來，聽他說心事。他說：「我母親因為和我太太處不來，所以幾年前搬回鄉下，現在獨自一個人住在鄉下。老人家身體已大不如前，城裡又住不慣，我得經常偷空回去看她，心裡很矛盾，也很不安和內疚。」他是一位事業有成的人，但心理健康卻低落。他困在父母情結中，走不出來。

第二週我要求他和夫人一起晤談，告訴他們家人相處，即使意見不同，習慣互異，卻不一定會造成衝突和敵意，只要做妥適安排，就能解決問題。從交談中，他們想出一個方法，在居家隔壁買一層公寓，安置母親生活，先生隨時可以過去照顧探望，太太和子女也可以常去和婆婆、祖母說話。如此各有自己的生活空間，又能互相照顧，老人家也同意了。從著手買房子，到裝潢一新，這位中年事業家的疼痛無形中已經大大的改善，精神上的積鬱也獲得紓解。

後來，我接著碰到類似的個案，慢慢了解到子女和父母之間，有著一種特殊的連結關係。子女從青春期開始，就會追尋獨立，創造他的人生；但在他的潛意識裡，卻有著依賴父母的傾向。這種情結，只有在願意去照顧父母時，才能體驗到自己是獨立、強壯和有能力，然後才完全從依賴轉換成心靈的獨立。

孝養父母，保持與父母之間的和諧關係，這是人類的天性。子女得到成長的機會，父母得到反哺和安養的照顧，而人性的光輝，似乎就這樣一代一代的傳下去。

會孝養雙方父母親的配偶，在心智發展上都比較好，他們的家庭幸福，子女教養得好，在待人接物上都表現得成功。

我也曾經觀察過，有些人對父母親過去的冷漠、疏忽或太過嚴格的管教，產生懼怕和敵意。於是對他們抱有敵意、疏遠和規避，甚至不肯撫養年老的父母。我還是建議，方式上可以斟酌，但奉養的責任不可不負，否則精神成長會停留在那個衝突點上，親子雙方都會受苦，人生很難走向光明。

夫妻必須了解這個情結，才能創造光明的人生，開展自己的心智，成為健康有能力的生活創造者。

不宜介入

夫妻就像共命鳥，他們有兩個頭，卻共用一個婚姻生活的身軀。所以，婚姻不容許第三者的介入，連父母親都不該介入其中。父母親對子女的婚姻生活介入得越多，引起的紛擾也越多。夫妻生活越依賴父母，在應變和人生的發展上，也越缺乏自信。

什麼是介入呢？屬於夫妻的生活、生涯和事物，自己不能作抉擇，必須聽從父母的決定，就是受介入。介入也代表著第三者干擾夫妻的親密、互動和抉擇，最常見到介入夫妻婚姻生活的來源有二，其一是婚外情，其二就是父母親的過度關心。

有些父母親在子女結婚後，介入太多生活意見，無意中滋生是非。一對結婚一年的夫妻，先生聽從父母之命，跟父母一起住在老家，他們每天上下班要耗掉三個多小時，交通擁擠時，來不及回家做家事，要受冷言指教。最後父母親卻替媳婦決定：「女性不必上班，在家幫忙家事好了。」這位擁有高學位和專業能力的太太，開始著慌，先生左右搖擺。

他們一起來晤談，不知如何是好。最後他們認識到一個核心問題：每天在紛擾中生活，工作受影響，精神也受打擊。他們的婚姻樹在紛擾之中，會漸漸枯萎。一旦婚姻樹枯了，他們這隻共命鳥會流離失所，將來連父母親都無蔭可庇。最後，他們決心獨立生活，把自己的家經營起來，並願意孝養父母，他們後來告訴我說：

「父母親意見還是很多，可以採納的，就謝謝指教，告訴他們照辦；不可採納的，諸如要太太辭掉工作之類的事，就不予理會。」我問他們：

「用什麼方法不理會呢？」他們說：

「凡是行不通的就陽奉陰違，不傷感情，自然冷卻。」

父母親的出發點都是為子女好，是絕對善意的。他們用自己的人生經驗，傾自己所知，為子女的婚姻幸福設想；想得多，想得急切，就恨不得越俎代庖，介入子女的婚姻，造成不必要的紛擾。只要懂得「冷處理」，把握理性的思考，對他們保持禮貌，就不會造成困擾。

請記得，夫妻婚姻生活是主體，成功和幸福的婚姻，是靠兩個人共同打造出來的，當婚姻樹越來越茂盛時，照顧父母和子女的庇蔭範圍也越大。

父母親可以協助子女發展幸福婚姻，但不能介入他們的婚姻。為人子女者必須了解，父母的愛心可感，人生的經驗也有許多值得借鏡之處，其中可以參採者，不妨接受他們的建議；不可取者，避免斷然拒絕，「陽奉陰違，不傷感情」也是妙招。

從實務中觀察發現，強烈抗拒父母的意見，往往是自尊不健康者之所為；相對的，唯命是從，往往是信心不足者容易出現的行為。我相信幸福婚姻，有著一定性格學上的因素，它有賴夫妻雙方共同努力去提升。

百善孝為先

與父母親和諧相處，彼此之間保持分寸，互相扶持友愛，可能是幸福婚姻中，非常重要的生活環節。老人家的生活經驗，帶給你許多處理家務的妙招；養兒育女之事有他們的指點，就不會漫無章法；生活上的緊急，他們會是你的精神支柱；親族聚會，老人家更是精神的象徵。夫妻善於孝敬父母，可以得到許多啟發；父母得到子女的孝養，則得以安養終老。

照顧雙方父母是夫妻的責任。父母年事不大時，有相當的自主性，但當其年老體衰，要注意照顧、醫療及奉養。父母親的財產，除非他們要給你，在他們生前切忌染指。老人家需要安全感，他們若能擁有固定奉養或自己的養老資財，生活品質會比較好，精神上也比較安定快樂。從觀察中歸納出，除奉養、照顧、醫療之外，父母親最需要你孝敬的是：

- 父母關心你們，只要生活無虞，健康和安定，保持聯絡，經常讓他們看看，就能有快樂。
- 保持聯繫，抽出時間與他們交談；不住在一起，用電話亦可。交談的要訣是聆聽和肯定他們。
- 帶一些他們生活需要的東西，旅居在外順手寄一點吃的或用的，他們收到這些東西，會覺得很溫馨。

●找時間和理由辦理親友聚會，對父母而言，那是重溫人際溫馨的暖流。

●避免回家告狀和訴苦，對老人家而言，他們在獲悉後所承受的苦痛，比你本人還大。

人類生命是一個生生不息的過程，養兒育女和孝敬父母，是每個人參贊宇宙化育的大事。除非有特別原因，不應該在這上頭缺席或留白。

每個人在心靈上都依賴父母長大，得到護佑，如果沒有反哺，就難以從被照顧的角色，轉換成照顧者的主動、慈悲和智慧。孝敬父母是精神成長很重要的一環。

父母除了生育你之外，也在你眼前逐漸衰老，沒有孝養父母，又怎麼從中學習面對自己的衰老甚至臨終的智慧呢？所以，我對每一對夫妻做了孝養父母的重要建言。

20 拒絕婚外情

婚外情所要付出的代價很大，它既傷了配偶的自尊，創痛其心靈，甚至上代波及父母，下代影響子女。

然而婚外情常是在不自覺中產生的，需要自制力，更要防微杜漸，才能免除婚姻生活的災難。

有婚外情的人，總會砸毀婚姻，打亂自己的生活秩序，創傷子女的心靈，更讓父母陷入無助和痛苦。招惹婚外情的人，絕大部分會後悔，但還是有許多人，以身試之，不能自拔。

夫妻的感情不容第三者介入，一旦有婚外情，配偶會憂憤交加，陷入嚴重焦慮，這種蝕心的痛苦，沒有人能忍受。因此，夫妻要意志堅定，以慈悲心為念，長期培養互愛，才能締造幸福的人生。

我第一次接觸婚姻諮詢的個案，一直到現在記憶猶新。一位壯年婦人，受過高等教育，夫妻都是專業人員，收入頗豐，算是社會的佼佼者，子女在學校的表現也很傑出。以外人的眼光看來，無疑是幸福的家庭，然而幸福的外表，卻包裝著一個熾熱的衝突，即先生有了婚外情。

先生不但在外頭金屋藏嬌，還把情婦帶回家來，要求太太也能接納她；他希望同時愛兩個人，更希望太太能包容他的婚外情。這是他的理想和心願，但這種畸形的感情，太太怎麼能接受呢？於是太太在感情上受到嚴重創傷，甚至有過自殺的念頭。她支撐下去的理由，「全是因為子女需要我」。

先生郎心如鐵，不可能和她一起晤談，所以她的晤談，只能作紓解情緒的消極性處置。但畢竟她是一位堅毅的人，在接受宗教的諮詢之後，她重新站了起來。半年後，她勇敢地結束諮詢，並以聽佛經為生活定課，從而維持情緒平衡，勉強過著平靜的日子。

一九八四年我登山跌傷，住進醫院，一天上午，我拄著拐杖在醫院走動，碰巧遇見她，她高興地和我打招呼。我問她：「先生還好吧？」她說：「我是來替先生領藥的，他罹患肝癌。」她接著說：

「那個女人帶走錢財，現在不理會先生了。」我聽了很難過，於是問她：

「你們夫妻現在相處得如何呢？」

「他很後悔，尤其是現在完全都靠我照顧，他常常自責。」

「你怎麼對待他呢？」

「他是我的先生，照顧他我義無反顧，因為我深愛他。」她感傷的熱淚盈眶，作為一位輔導者的我，也感受到辛酸。她打破一時的寂靜說：「老師，感謝你在信仰上給我啟發，我已放下過往的憎恨和悲痛，但我很心疼他現在的悔恨和自責。我該怎麼安慰他呢？」我說：

「必須他自己能寬恕自己才行。」

這個男主角不久就亡故。每當我想起這件事，就會想到，為什麼人在健康時，不珍惜好情份，到將死的時候，才悔恨自己的薄情呢？殊值警惕。

認識婚外情

婚外情是一種背叛，這是每個人都了解的事。所以每一對夫妻剛結婚時，都認為他們不會有婚外情，並誓死效忠對方。然而婚外情常是在不自覺中產生的，需要自制力，更要防微杜漸，才能免除婚姻生活的災難。於是，每個人都應該了解婚外情為何物，才能防患於未然。

首先，婚外情源於自我控制能力的不足。個人對配偶以外的異性，發生興趣，私下愛慕，並不少見。這就形成一種誘惑，而抵制它的方法是自我控制。人無法免除對別人的興趣，但可以避免不忠。自我控制就是不越雷池一步，不約會，不單獨相處談心。你能控制環境就能控制行為。

有些人自我控制力差，意志力薄弱，經不起其他異性的誘惑，是由於從小沒有養成自制力的習慣。另一種可能的原因是父母管教過苛，以致以叛逆的方式，尋找新的性刺激。這兩種現象，配偶必須有所警覺，當察覺對方有可能不忠時，就應談論一下。你無須疑神疑鬼，但與對方談談，彼此明說，會起警示效果，就不大可能發展成外遇。

其次是夫妻之間有了緊張關係，互相挑剔和輕視，為家務事經常爭吵，雙方沒有機會吐露心聲、化解歧見，又不斷製造新緊張；直到遇到一位異性，願意聆聽他的傾訴，這時會一拍即合。從實務中觀察，這類婚外情為數不少，而且在跌入婚外情網時，有著找到相知的迷戀。然而，無論如何，婚外情人絕對不是配偶，不需要負起責任。等到把婚姻搞砸時，再來看這位情人，又會覺得他的缺點，似乎比原來的配偶更多。

這裡要特別指出，夫妻不該互相挑釁、挑剔和鄙視，長期為家務事爭吵往往帶來麻煩。不如誠心面對問題，商量解決之道，才是正辦。

其三，觀念錯誤，婚外情處理不當，會使事態擴大。比如說，一般人以為有了婚外情，就表示不再愛配偶。但事實上，大部分的外遇事件當事人，都還是愛著配偶。如果自己的配偶有了婚外情，當他對你說明愛意時，切忌嗤之以鼻；因為他所表示的愛意或許是真心的，而且可能性很高，如果把它當做起始點，好好修補彼此的愛情，妥善處理婚外情，就能和好如初。

有些人以為配偶有了外遇，就表示自己犯了錯或不可愛，這也是不正確的觀念。彼此之間意見容有不同，是可以討論解決的，至於外遇或婚外情，是他願意去犯錯，而不是配偶逼他去。把責任推到配偶身上，反而不能冷靜面對問題，思考重修舊好之道。

其四要相信婚外情是可以防範的。夫妻免不了有意見不同的時候，當然也難免工作太忙，由於養兒育女或照顧親人而擔負沉重責任，只要保持親密和不疏遠，就能減少外遇的困擾。如何保持親密和不疏遠，我在本書的各章，已作詳盡的敘述。

不做傻事

夫妻之一方遇上婚外情，處理的態度不當，是造成婚姻破裂的重要原因。

最普遍的現象是，配偶在得知事實後，心理受到重創，開始冷落對方，拒絕對方的感情。處理婚外情，未必要以離婚收場。會造成嚴重後果的關鍵是做了傻事，從實際中歸納，約有以下幾點：

- 急驚風的行徑：氣憤之餘，衝動鬧離婚，或公諸親友，等自己清醒時，要收拾的殘局就很多。碰到這類不幸，建議放慢步調，沉穩處理。
- 一味討好的軟弱：對配偶一再示好，而沒有面對問題，創造新的夫妻互動，等於鼓勵對方繼續外遇。
- 鴕鳥心態的逃避：不聞不問，以冷漠來抵制配偶的婚外情，情況越演越烈。
- 報復手段和敵意：採取以牙還牙，自己也去搞外遇，結果兩敗俱傷。

以上幾種錯誤之中，急驚風的行徑和報復手段，近年來有增加的趨勢。這兩種方式所造成的後遺症特別大，風波會越演越烈，以致婚姻破裂收場，這是近年來離婚率飆高的原因之一。

愛情的培養需要智慧，才能處理彼此間的誤會或糾紛；愛情與智慧是兩人牽手的力量。

搶救婚姻

婚外情使婚姻陷入危機，它所要付出的代價很大；它既傷了配偶的自尊，創痛其心靈，甚至上代波及父母，下代影響子女，不可不慎。

面對配偶的婚外情，你要盡力搶救。如果真的搶救無效，必須放棄，才決定離開。我相信搶救行動，不會無功而返。首先，你要找個私密的場合，把孩子送到父母或朋友家，兩人平靜獨處，好好談談彼此的境遇和困擾，但要避免吵架，保持平靜，才能理性解決問題。該注意的要領是：

●不要攻擊和抨擊對方，但要抱持積極改進、重修舊好的的態度。
●要平心靜氣答覆問題，了解問題，不可反唇相譏。
●了解是什麼事使配偶陷入婚外情，彼此允諾改進，以增強夫妻的親密關係。
●重新建立兩人牽手的親密關係。

曾經有一對年輕夫婦來晤談，他們為先生的婚外情而劍拔弩張，我建議他們：

「必須先把自我中心的想法消除掉。你們的衝突是因為想取勝對方，才鬧得糾紛四起。」我鼓勵他們作個競賽：「看誰先放下自我中心和防衛。」有一天他們又爭吵起來，先生騎著機車狂飆，衝到僻靜的郊山上，一直到深夜才回家。太太說：「當先生回家時，一臉倦容和憔悴；我看到他那副模樣，我知道他還是愛這個家。剎那間我放下對抗，寬恕了他。我煮了兩碗麵，在冬夜裡溫暖了彼此的心。我們互道『我愛你』，這是很久以來說不出口的話。」於是我問他們：「你們學到了什麼呢？」先生說：「其實我的婚外情早已結束，我們爭吵是為了嘔氣而已。」太太說：「難就難在放不下身段，放不下你所說的取勝的面子。」

就我的實務經驗而言，大部分的婚外情在揭露出來之後，都會漸漸收斂，但不服輸或死要面子爭下去，才是兩人重修舊好的障礙。

婚外情是夫妻恩愛的陷阱，要及早懸崖勒馬。在設法重修舊好的過程中，最大的障礙是取勝或死要面子作祟，才會互相挑釁、嘔氣和批評。如果能誠心面對問題，加以解釋，並向配偶坦承錯誤，放下前嫌芥蒂，就能牽手新生。

21 不輕言離婚

許多怨偶以為離婚可以解決一切，可以讓他們重生。事實上，新生來自彼此的了解和成長，不改變自己的生活態度，接受愛與智慧的洗滌，根本找不到新生。離婚是生活的一種失敗，悲慘的離婚會毀掉許多希望。

婚姻是經過兩情相悅，一段時間的彼此了解，建立互愛與真情，才結合的夫妻關係。當然，人不可能十全十美，總有優點和缺點，因此必須懂得互相欣賞、肯定和包容。如果眼光盯著缺點看，越看越不順眼，甚至起了瞋怒之火；如果肯定對方的優點，包容缺點，雙方的自尊會越來越健康，互愛的能力和向心力也會越強。

離婚是在彼此厭惡、進而忍無可忍的情況下發生的。陷入這種感情困局的人，當然很痛苦，會想到快刀斬亂麻的方式，採取離婚解決問題。有些婚姻問題未必嚴重到忍無可忍的地步，他們有些摩擦或長期意見不合，便率爾離異；他們寧可過灑脫的生活，也不願意妥協過日子。當然，婚外情的介入，一直是導致離婚很重要的因素。受到婚外情屈辱的一方，會創傷難忍，接著婚姻陷入紛擾和爭吵，造成了離婚的後果。本書各章就經營婚姻，提出積極性建議和分析，一則希望有情人能共同創造幸福，一則防範婚姻破裂。

婚姻破裂是很殘忍痛苦的事，除了對當事人的傷害之外，對子女的傷害最為嚴重。時下有許多人認為只要善加安排，子女就能正常發展，但根據我的觀察，他們心靈深處的創傷並不如想像那麼容易撫平。因此，除非配偶人格異常，會以暴力相向，造成傷害和生活失序等不堪維繫婚姻的狀況，夫妻應嚴守不輕言離婚的倫理。

幾年前的農曆過年，家家戶戶正歡喜過年，我也跟家人一起守歲。接近午夜時分，一位因先生外遇而離婚的媽媽打電話給我。她說她離婚兩個多月，還沒有告訴父母，過年這幾天當然也不能回娘家去，於是帶著兩個分別念國小三年級和四年級的孩子，從中部來台北旅行。她希望藉此能讓孩子和自己這段時間快樂些。但是她淒厲地哭起來，說：

「我以為來台北會讓我們母子好過些，但沒想到年夜的鞭炮聲，令我們想念往日的家。客居旅館，更覺無依和孤獨，連孩子天真的臉龐也掩不住心中的落寞……」我擔心孩子看到媽媽心碎的狀況，打岔問她孩子是否睡了，她說孩子們已入睡。她接著說了丈夫婚外情的心酸事，經過傾吐的淨化，才慢慢安定下來。

離婚不是新生

每當歲末之夜，我總會碰到受苦傾吐的人。在傾訴之後，對方也許好過些了，但我的心緒卻開始雲湧，想著婚姻破裂者的傷痛；想著錯誤的當事人，為什麼看不見那孤獨母子在家庭破碎之後的傷痛？為什麼不起慈悲心和智慧的眼光，看清離婚背後的困難重重？

許多怨偶以為離婚可以解決一切，讓他們重獲新生。事實上，新生來自彼此的了解和成長，不努力去改變自己的生活態度，接受愛與智慧的洗滌，根本找不到新生。尤其是外遇的對象，在婚外情時期因為不需擔負任何責任，只有撿來的甜美，等到離婚再婚，要面對責任和共同的約束時，老問題再度出現，又有爭吵和糾紛。

對於因外遇或性格不合等理由離婚的人，後來在感情生活上往往又遭遇困擾，有人說那是因果報應，但我認為不是報應，而是自作自受，因為他不肯履行真愛。

許多離婚者來諮詢時說，離婚只不過是換了一批新的麻煩和問題而已：兒女監護、財產糾紛、內疚和憎恨。離婚者在以後的幾年，能夠對兒女問題理得清楚，不因子女適應問題而煩惱的人，幾乎少之又少。

離異夫婦通常也有新的痛苦，尤其是深陷在埋怨對方，沒有承擔應負的責任。此外，他們的同事和朋友，也會不知如何與其相處，不曉得說什麼才對。不是同事親友故意抵制，而是他們怕表示不得當而尷尬。

一般而言，除非有人格異常或者性格上所產生的暴力、虐待、恐嚇等應該考慮離婚者外，對大多數的人而言，離婚不是解決問題之道。倘若大家能認識這點，離婚率就不會飆高不下，不必付出偌大社會成本。相對的，把眼光放在致力婚姻基礎的建立，透過學習和成長，對於不如意的事加以寬容，幸福婚姻就締造得起來。

子女受害

夫妻離婚，子女是頭號受害者。單親家庭的兒童或青少年，表面上跟一般的兒童或許並沒有兩樣，他們一樣上學，一樣與同伴玩耍，甚至歌唱逗著玩；但是他們的感情世界，都受到重創，有了不安、矛盾和嚴重的困惑。一位五年級的男童說：

「我爸爸離開我們，跟另一個女人住在一起，永遠不會回來了。他不要媽媽，也不要我。」我跟他談下去，他告訴我必須用功讀書，才不會辜負媽媽。但他擔心地說：「我怕媽媽有一天也會離我而去。」孩子不知道父母為什麼離婚，只知道他們吵架、有別的女人，最後父母就離異分飛，「我呢？何處是我安全的依賴呢？」光憑這一點，就可以把孩子的安全感擊垮。

父母離異，孩子總是在最後才被告知。他們沒有心理準備，更弄不清楚到底為什麼，忽然整個家就拆散了。一位憂鬱的青少年回憶兒時父母離異的一幕說：「那天夜裡，他們兩個人說有事告訴我，我漫不經心的聽著。後來我才發現事態嚴重，他們要離婚。

「不行！絕對不行！我堅決的抗議。當時我已快要昏厥過去，室內寂靜無聲，覺得屋頂快要崩塌，家快要被颶風吹得粉碎。直到現在那種恐懼感還在，我無能為力，無助地坐在那裡，聽他們安慰我，保證會照顧我。從那時起，我覺得他們說的愛和所做的是矛盾的，我周邊的人物隨時會離我而去……」

受創的兒童有的傷口癒合了，有的在單親的努力下，維持著正常的作息。但你可曾看清過，父母離異對子女的創傷，留下的疤痕長久影響他們的人生？請用慈悲的慧眼，看看這些無辜受害的兒童和青少年，你就會用耐心，去學習和成長。這不是一方的事，而是夫妻雙方的事。

要透過學習和成長，解決夫妻的爭端和糾紛，而不是坐看家毀人散，以離婚收場。

離婚是一種遺棄，不管你怎麼解釋它，在心理世界都會烙印下一個精神上的遺棄。你願意這樣做嗎？相信你不會願意。

亡羊補牢

離婚是感情生活上的失敗，它毀滅了夫妻、子女和雙親共同的幸福美夢。但如果事已成真，減少傷害，設法使子女得到支持和照顧，仍然是很重要的課題。無論你為什麼而離婚，請注意安排子女的教養。

- 對子女要以為人父母的身分和職責，多了解和支持，共同照顧、教育子女。
- 各自緊緊把握自己的生活，但要保持公開交往，以溝通子女教育與心智成長的需要。
- 要避免透過孩子傳達彼此的怨氣和憎恨，甚至批評對方的不是；既然離婚，往事已去，要談的是現在孩子的事。
- 離婚父母很容易討好孩子，把孩子寵壞；教育子女的態度必須一致，否則孩子會在矛盾之中，養成惡習。

夫妻離婚，除了子女受害深重外，彼此的雙親所受到的創痛亦嚴重。以華人的家庭文化和親子間特有的關係，如果子女婚姻發生離異，父母會很傷心。年邁雙親需要的是照顧、安慰和尊敬，千萬不要把離婚後，子女照顧的沉重負擔，完全交給祖父母們。他們年事漸高，不但體力上不足以照顧好孫兒，隔代教養往往也會有嚴重的缺失。

夫妻離異後，對子女的教育，以及對雙親的孝養，作周詳的安排，固然是很重要的事，但釜底抽薪之道還是要呼籲大家，慎勿輕試離婚。離婚者之中，有百分之九十是可以不必落到以仳離收場的。

婚姻重建

就打算離婚的夫妻而言，大部分還是原來的配偶比較好。他們已經歷過一番磨合，雖然眼前有著問題存在，但只要願意調整自己，學習適應，就能重修舊好，再造幸福家庭。再婚並不表示什麼都會如願以償，這是一項對婚姻的誤解。因為家人相處，必然要面對承擔、責任和相互包容的實際行動，如果你不能從生活和工作中尋求成長，不願意在生活習慣和人際互動上作改進，再婚之後，原來的糾紛仍然出現。

於是，有些男女結婚兩次甚至三次，還是以離婚收場。有婚外情的人，或者不負責任而歡樂遊蕩的人，應早日收斂，重建家庭。要重建之前，建議你想一想：

- 愛不是靠美貌、浪漫來維持；愛是互相照顧和體諒的行動。
- 承諾對配偶忠貞，學習包容和支持，締造彼此的信賴。
- 互相成全和鼓勵，讓彼此有機會伸展自尊和生涯。
- 清醒能使感情伸展得更美好，因此絕不兩個人同時生氣。
- 解決問題，絕不讓「離婚」一詞脫口而出。

然後，請將本書所談有關溝通、成長、防範失和等各章所提的建議，用在重建上，婚姻就會漸趨好轉。

離婚是生活的一種失敗，悲慘的離婚會毀掉許多希望。我建議用解決問題，提高彼此的容忍度，來改善婚姻，而反對輕言離婚。

22 閨房之樂

夫妻美滿的性關係，建立在兩情相悅上。
性愛始於平時兩個人是否互相體貼和珍愛，所以在生活和家務能互相協助，在觀念和思想上能彼此溝通分享的夫妻，他們的性生活都比較幸福。

性生活不能視為單獨的生理需要，它也是夫妻間的尋歡作樂。性愛中包含了互相關懷、了解和體貼，因此，它是婚姻的一部分。

性生活的滿足，要配合雙方交談，互相憐愛。彼此了解對方欣賞什麼，討厭什麼，互相關懷體恤，就會有美滿的性愛。性生活不歡暢的人，大部分不是生理上的問題，而是雙方不能互通心聲，對性愛的觀念錯誤，造成緊張焦慮，或者冷漠草率傷及自尊，而引起困擾。

有些人把性愛當成個人的發洩，只求自己的滿足，然後就倒頭大睡，完全無視對方是否也得到滿足。這種草率帶來的婚姻困擾，留給配偶的挫折和創痛殊大。「食色性也」，性是一種生理的需要，只顧自己而不顧配偶的感受、需要和情緒，是不仁慈的事。

夫妻在性生活上雙方體貼協調，所創造出來的魚水之歡就是性愛。性生活需要兩人互通心聲，充滿憐愛，才能達到滿足。

夫妻歡暢的性生活，使婚姻幸福，彼此親密。它使兩人變得開心，壓力和情緒得到紓解，身心也得到健康。有良好性生活習慣的夫妻，心情輕鬆愉快，較少焦慮，心理健康較好，比較平易近人。研究發現，這些人的免疫力強，健康亦較好。夫妻之間，性的滿足與調和，需要一些正確的觀念。

培養正確觀念

性慾的強弱和做愛的頻率，個別差異很大，許多人拿誇張的藥物或食品廣告，做為性生活的標準，從而造成自我懷疑，甚至帶來自卑和挫折感，而使自己變得無能。有些人從成人電影中，看到錯誤的性生活示範，對配偶施以虐待或採用稀奇古怪的道具，視為夫妻性愛的樣板，對於配偶構成嚴重的傷害。

正確的性生活，首先要注意的是對配偶的期望要切合實際，以錯誤的資訊來要求對方，責怪對方，往往會造成困擾。比如說批評對方性器不夠大，持續時間不夠長，想做愛的頻率不夠高等等，性慾就會受挫，甚至難以撩起性慾。性生活是兩個人真心相愛的結果，有了愛才會撩起性慾。因此，要了解對方，肯定讚美對方，避免敷衍，而是全心投入，彼此分享。

其次是聽從身體的自然呼喚，而不是用野心驅使性慾，要自己變成什麼樣子。愛是兩情相悅的事，在相互撫愛與親暱之中，撩起性慾而做愛。先想著自己要讓對方欲醉欲仙，反而使自己緊張焦慮，而造成障礙。此外，年齡與性慾的強度、做愛頻率，也非絕對相關。只要你不多心，自然地愛與擁抱，撩起做愛的樂趣，性生活就可稱心滿意。

從晤談個案中發現，大部分冷感、不舉、早洩等性事困擾，都有一定強度的性生活焦慮。它的主要原因是，夫妻不是從互愛、親密和撫愛中，聽從身體自然的呼喚。這些障礙只要觀念上作調整，就能免於迫不及待地想「完成」目標，而能從容聽由身體自然伸展它的活力，享受稱心滿意的性愛。

夫妻的性愛，要著眼於彼此給予的，不是著眼於自己做不到的，這是第三個重要的觀念。在性生活上責怪配偶做不到的事，會造成嚴重的打擊。無論年齡如何，身體狀況如何，夫妻的性愛是用現有的享受身體的快感，去給予和做愛。

其四是情緒與性生活息息相關。情緒低落或患有憂鬱症的人，通常性慾會明顯降低；生活忙碌緊張的人，特別是忙於交際或工作，也會影響性生活。一對結婚不到四年的夫妻，一個忙著他的事業，夜以繼日坐在電腦桌前工作，一個為自己的業績和升遷埋頭苦幹，他們發現做愛次數減少到一週一次以下。因為他們做愛的動能，已經轉移到拚工作上。他們為此焦慮起來，我的建議是：

「不必緊張，只要把時間安排好，有時間可以親密的獨處，還是會聽到身體的呼喚。要懂得不為做愛傷腦筋，就不會衍生情緒問題，而干擾性生活。」

夫妻經常吵架和賭氣，最後情緒性的抵制性生活，以為這樣可以讓配偶就範，這是最大的錯誤之一。從諮詢的個案中，可以看出他們還是擺脫不了「取勝」的心態，於是逞強賭氣，不但破壞性生活，也破壞幸福的婚姻。他們從分房而睡，誰也不理會誰，最後憤恨與性的挫折，形成更大的破壞力，把婚姻給毀了。

此外，夫妻性生活當然與身體健康有直接關係，如果是生理上的問題，務必要找醫生解決。但研究發現，大部分的性生活失調，都是來自心理層面的因素。如果能就以上觀念加以留意，保持琴瑟和鳴，就能有美滿的性生活。

兩情相悅的性愛

夫妻美滿的性關係，建立在兩情相悅上。如果兩個人真心相愛，且互相了解，自然產生綿綿性愛。性愛始於平時夫妻是否互相體貼和珍愛，所以在生活和家務能互相協助，在觀念和思想上能彼此溝通分享的夫妻，他們的性生活都比較幸福。

性生活有了無能感或冷感，可分為真正的和心理的兩個層面；前者是生理上不能達到做愛與滿足的目的，後者大抵因情緒上的障礙引起。然而，大部分性生活上的困擾，是源自不能兩情相悅。培養兩情相悅是快樂性愛的根源，歸納要領如次：

● 夫妻的愛必須真誠；婚外情或外遇，會嚴重破壞性生活的歡悅。
● 水乳交融的做愛，必須雙方的自尊都受到維護；對配偶性生活或身體有微詞或批評，都會造成傷害。
● 性生活應彼此都能保持主動，若一方完全被動，容易使配偶有挫折感，而使性生活變得冷淡。

● 假裝滿足只能暫時瞞過配偶，對性生活的幸福無益；夫妻應真誠告訴對方，哪些地方使你快樂，哪些地方使你不舒服。

● 要有充裕的時間培養性愛；適當的時間安排，讓夫妻獨處與交談，有助於撩起性慾；急就章的做愛，容易有挫折感。

● 愉快的夫妻關係，例如互相體貼，一起把家事、教育子女等事做好，既能增加恩愛，又能減低精神壓力，這兩個因素都能刺激性激素，使性慾正常。

性生活不是單純的生理需要，不要把它看成是一種活動或技巧，而是要感受到對方的愛。如果把性生活貶低為只有肉體的交合，就會把兩情相悅的愛與美好剝奪殆盡。於是，相互尊重與協調，重視性愛的重要性，是夫妻性生活品質的保證。當彼此有了不方便的時候，就要以平等的態度作必要的協調，而不是一方強求，一方屈就。但夫妻必須有個共識，重視彼此的性需要。夫妻要享受歡悅的性生活，就得懂得體貼，調和歧見。

為了調整彼此的不方便或歧見，最好的方法是坦誠的交談，把它說出來，把理由說清楚，避免誤會，而達到彼此諒解。夫妻必須以平等的態度，去互相了解和包容，才能在性生活上，得到美滿和諧。

從諸多個案中觀察，不能協調而造成困擾的夫妻，大部分都有著強烈的自我中心的性格，他們不容易了解配偶，我行我素，這是一種悲哀。

感情最重要

性生活以感情為基礎，夫妻要同心協力，彼此殷勤關懷，經常注入熱情，性生活自然歡悅。許多自稱性生活不協調的夫妻，是因為他們缺乏感情，沒有把婚姻當作首務，才釀成惡果。大部分的研究報告也指出，性生活不美滿的夫妻九成有其他衝突存在。一位有性生活困擾的婦女說：「先生經常冷落我，對我冷嘲熱諷，只有床笫交歡時才流露熱情，那時反倒讓我覺得自己像妓女，於是陷入冷感和厭惡。」

性生活與愛分不開，真正的愛是相互關懷，彼此負起責任，透過了解而互相尊重。夫妻在日常生活中過得恩愛，性生活的困擾就相對減少。隨著年齡增長，還要記得動腦筋增進夫妻的感情。生活要有些新鮮感，例如貼心的禮物，週年的安排，或一起旅行，共同學習增長彼此的思想和生活智慧。由於感情和思想的不斷成長，夫妻就能常保新鮮感。

美好的婚姻是歡樂性生活的基礎。雖然性能吸引對方，透過性的結合，也能緩和彼此的緊張關係，但一定要記得，如果沒有鞏固的愛情，再美妙的性生活，也無法彌補惡劣的婚姻，而性生活也會跟著一蹶不振。

從另一個角度來看，性生活美滿的夫妻，普遍會把配偶放在生活中的首位。正因為如此，他們的婚姻也顯得穩固幸福。性愛的相互吸引，不是只有初婚時才重要，它在往後的日子裡，仍然重要，甚至到了老年，依然不衰。但美好的感情，以及性伴侶上從一而終，應該是最叫人心醉滿足的經驗。

最後要特別提出，性生活並非永遠快樂，永遠恰到好處，如果抱著這種不切實際的想法，反而會引起失望。性生活不免有一些問題出現，所以才需要協調，而關鍵在於是否用寬容的耐性去化解它。我在諮詢工作中發現，互相關愛的能力，是維持性愛幸福的資產。

23 悠哉牽手

夫妻牽手人間行，昂首闊步好自在。
只要善加安排，藉著運動散步，保持幽默歡笑，
透過音樂歌聲，懷抱宗教的信仰，
就能從中看出美和希望，創造幸福和美好。

夫妻當然要面對許多生活的挑戰。尤其是雙薪族夫妻，除了工作之外，加上家務、子女教育、奉養父母等等，負擔很沉重。因此精神的壓力，情緒上的緊張，往往使生活陷於困頓疲倦。

所以夫妻有必要學習輕鬆之道，保持悠哉牽手的雅興。留點時間悠閒，學習放鬆，製造點幽默和笑談，互相談心與撫愛。當你忙著奔波事業，面對壓力時，會激發交感神經，放鬆時則抑制交感神經；如果你能經常練習放鬆，經營

悠閒，就比較不會焦慮緊張，同時也較能抵抗壓力，覺得樂觀、快樂、有信心和安定。這對於夫妻生活、感情的交融和工作的幹勁，都有正向的幫助。尤其是對身體的健康、活力的涵養，有著明顯的效用。

運動的妙用

每天保持運動，除了能增進體能，保持健美身材之外，更能紓解壓力，緩解緊張，維持好心情。它同時也是預防和治療情緒憂鬱最好的處方。

夫妻一起散步，好處無窮，最合適的時間是在晚飯之後，即使抱著嬰兒，牽著孩子，都可以散步。尤其是新婚夫妻，或孩子長大之後的老伴，找時間散步，既可以談心，又可以交流感情和思想。它使兩人悠然同步，心靈交會，簡直是生命的醍醐醇醪。

一起散步能陶冶性情：以適當的速度保持亦步亦趨，而忘情於塵世辛勞。如果你們能找個週末，一起看晨曦和夕照，一週的辛勞都會被充分洗滌。寧靜的心，緩緩的步伐，是夫妻相知相惜的默契。

疾走的速度比散步要快，也是很好的運動。疾走能改善體態，增進體力，使人心情放鬆，卻病延年。疾走的過程中，也可以讓人冷靜，孕育思維，特別是心煩意亂，或者憤憤不平的時候，作疾走運動，是很方便又能有效紓緩心情的作法。

夫妻可以一起打球，與朋友結伴登山，對體能的培養有積極的作用。特別是一起登山和郊遊，大伙兒情誼的交流，更能帶動溫馨和人際支持，享受友誼的愛，這能使夫妻的感情更加堅實穩固。

很多人在結婚之後人際關係逐漸封閉起來，只剩下兩個人的世界，而忘了與朋友交往，這是一種損失。透過與親友一起登山、郊遊，會得到諸多樂趣。尤其是有了子女，他們的童年很需要這種群體活動。

夫妻一起散步，可以促進彼此的交心和恩愛。我喜歡跟秀真一起散步，三十餘年如一日，其中的清妙和貼心，只有自己親嚐才知其味。

幽默與笑談

幽默使我們從僵化的執著，轉為彈性的思考；把狹路相逢的窘迫，化作寬闊的空間；使憤怒變和平，使緊張轉為祥和。夫妻保持幽默感，能增進彼此的融洽，化除緊張的對立，使彼此的心意順暢交流。

幽默最主要的功能之一，是它刺激你大笑；透過大笑，內臟得到按摩，緊張得以緩解，致使交感神經放鬆下來，而有輕鬆之感。研究指出，大笑能引發腦內啡（endorphins）的分泌，能減低病苦，增加喜樂。

夫妻要學習互相逗著發笑，只要把握機會笑，就可以笑得開心。注意！一定要大笑，而不是微笑。夫妻可以一起聽相聲而大笑，可以讀笑譚而大笑，更可以隨時製造笑料，用笑聲喚起對方跟著大笑。一天若能大笑幾次，是健康夫妻用來對抗壓力、交流情感最好的方法。

沮喪和抑鬱這類消極的情緒，會削弱免疫系統，讓我們容易罹患疾病。然而幽默和發笑這種積極情緒，則增強免疫系統，保護我們不受病痛的襲擊。夫妻若能保持歡喜和笑聲，受益殊大。

多年前當我的孩子念國小時，我們親子四人一起外出，搭乘計程車途中聽到廣播中的相聲。我們一路大笑，心有愉悅。回到家裡，兩個孩子竟然把聽來的相聲，重新演練了一次，逗得全家歡笑，稱讚不已。從那時候開始，我們愛上相聲，買了錄音帶，大家一起聽，為家庭增添豐富的趣味。後來孩子們也學會自己編幾句詼諧話，創造點逗家人笑的妙語，其樂無窮。現在秀真和我，雖然年事漸長，也會彼此逗著發笑，享受箇中無窮的歡樂。

最後要特別指出，幽默詼諧要避免變成嘲諷揶揄，那會帶來不快之感。最美的幽默是普世性的，是對人生似是而非的真理之賞析，是跳出對人的批評與敵意，在不失去對人的尊敬之下所表現出來的。

許多心理學家指出，幽默和發笑並不難，只要你裝著覺得好笑，就會真的笑出來。由假裝笑到真的大笑，只有一剎那之間，它所帶來的好處，既能使彼此感情交流，又能放鬆、喜悅和振作精神。

音樂與歌聲

音樂可以使生活放鬆，進入悠揚的心情、回憶和想像美的意境，陶醉在它的旋律之中。它對夫妻的感情，有著積極的正向作用，並且有助於健康，能調理情緒，增進彼此的恩愛。

一對經常爭吵的夫妻，他們都是急性子，工作一整天回到家後，又要趕著準備晚餐、料理孩子的生活，急忙之間口氣總是很迫切，於是爭吵咆哮經常發生，甚至對孩子也是高分貝的頤指氣使。我發現他們感情並沒有芥蒂，真正的問題是忙碌與性急。於是，建議他們在車上放音樂：先放節奏快的，等到自己跟它同步時，心情已經安定許多，再改放輕柔的音樂。他們嘗試的結果，在生活的節奏上不再那麼心急，爭吵和發洩脾氣的狀況也減少。

研究顯示，音樂能使人血壓穩定，基礎代謝和呼吸的速度減慢，這使人在承受壓力時，生理的反應比較溫和。此外，也有研究發現，它使體內腦內啡分泌增加，讓人覺得喜悅，並減少疼痛。透過音樂，不但能令人鎮定和放鬆，而且能帶來樂觀和舒暢。夫妻共同欣賞音樂，不但能感受到心曠神怡的效果，並能協助辛苦了一天的自己，消除疲勞，恢復精神力。如果你能哼著歌曲，進行沐浴，邊哼邊唱，尤其回味年少時所唱的歌，更能透過回憶，重溫無憂無慮的青少年時代，投入往日情懷的諸多感動。

音樂使夫妻的距離拉近，使親子之間有了溝通橋樑；音樂所帶來的情境，有時會令人感動省悟。有一次，秀真和我聽到一曲合唱老歌，那是弘一大師的「世夢」。我們一起看著詞，跟著它唱下去：「枕上片刻春夢中，行盡江南數千里，今貪名利，梯山航海，豈必枕上爾。」我們兩人頓時有了領悟，對人生的短暫，對如戲如夢的人生，備感珍惜，也更覺達觀和開朗的重要。我聽了又聽，以後也常常重聽，得到的啟發和領會，一次比一次深刻，我們在人生理念上，也有更多摯愛和同心之樂。

音樂不只有陶冶的效果，它已經成為醫療上的一種特效藥。它被用來治療緊張、焦慮、疼痛和憂鬱，甚至用它來幫助婦女分娩，調理血壓，緩和心臟疾病等等。善用音樂與歌聲，能給夫妻帶來神妙的幸福和快樂。

共同信仰

優游幸福的夫妻，大部分有共同的信仰。共同的人生目標、價值觀念和態度，是信仰的根本要素。夫妻的宗教信仰可以不同，但價值觀念則必須一致。有些幸福夫妻，他們信仰不同，卻始終恩愛。我有一位師長和夫人，他們一個上佛寺，一個上教堂，卻牽手上菜市場買菜，共同享有美滿的家庭。秀真和我經常拜訪這對老夫妻，他們慈祥的交談，交集就在愛和慈悲、智慧和信心。而兩個人的笑容，令你看出這世界原來是如此圓融，沒有歧見和隔閡。他們在宗教信仰之上，建立了超越的領悟，他們都成為智者，形成共同的信仰。

一對中年夫妻，篤信天主教，他們每週有彌撒，每個週末有教友的團聚。

團聚都是一對對的好夫妻，一起交談、說笑、交換心得、鼓勵信仰。這個聚會形成宗教家族，他們互相支持，享有豐富的友誼，健康而樂觀，每一對夫妻都恩愛幸福。

一些佛教徒朋友，夫妻一起修持，他們的悲心和智慧，融入家庭，發展成良好的生活態度，在工作、教養子女和修持上都很成功。他們發展出夫妻同修和願力，彼此包容和寬恕，相互支持和努力，更重要的是發展出夫妻同修的宗教情懷，一同仰望著更高的精神世界，而那個世界的希望，也迴向下來給他們精神動力和智慧。他們在信仰中，找到了自在感，發現了永恆的真我，並與佛菩薩把手同歡。

宗教信仰能給每一對夫妻帶來希望和智慧，孕育摯愛，創造幸福的人生。

夫妻牽手人間行，昂首闊步好自在。只要善加安排，藉著運動散步，保持幽默歡笑，透過音樂歌聲，懷抱宗教信仰，就能從中看出美和希望，創造幸福和美好。

24 幸福的紀律

夫妻與家庭幸福，是社會安定的基礎，
若能活用延緩報償、接受責任、忠於真實、求取平衡這四個心理紀律，
必能在現實生活中創造更多幸福。

夫妻的生活有苦有樂。如果把它美化成快樂似神仙的生活，那麼婚姻生活定會令你失望。若能切合實際一點，知道婚姻生活要面臨許多挑戰，懂得先苦後樂，在苦中作樂，那麼你會願意承擔，並且努力去開展它，因為你所得到的快樂和幸福，遠比所付出的要多。

然而今日有許多夫妻，抱著婚姻自然會幸福的美夢，不懂得努力經營，疏於沃壯他們的婚姻樹，忽略培養婚姻共命鳥，結果婚姻變得脆弱，甚至不堪一擊。在碰到困難時，有許多人率爾放棄夫妻之愛，於是離婚率增加，造成每五

對夫妻辦理結婚，就有將近三對辦離婚。這絕對不是好事，就他們個人的人生而言是一大失敗，對社會而言也要付出很大的社會成本，因為他們的孩子失依失怙，他們自己也受到嚴重創傷。

此外，年輕一代的夫妻，社經地位較高者，不願意生育，貧窮而教育程度低落者，則生育較多，這是一種反淘汰。一般的夫妻忙於工作，疏於維護家庭功能，下一代所受的呵護及上一代得到的照顧，都受到負面影響。這些趨勢是社會上每一個人將來要共同面對的課題。

我認為夫妻與家庭的幸福，是社會安定的基礎，也是個人發展的根本。最後我再提出幾點意見，供讀者做為經營婚姻的參考。心理學家史考特·貝克（Scott Peck）的理論主張，生命是一個困難的歷程，所以你需要一套工具去經營它；這套工具就是心理的能力，也是一套有效的紀律，它包括：延緩報償、接受責任、忠於真實和求取平衡四個要素。

延緩報償

婚姻需要兩個人一起去面對生活的挑戰。夫妻必須明白生活是艱難的，不免有許多挑戰和挫折等著解決。於是，你想要快樂過日子，就必須把痛苦和快樂的順序認清楚：先付出代價解決問題，再享有努力得來的快樂。彼此都要先付出關懷、責任、尊重和了解，願意布施給予，婚姻生活的平台上，就有著豐富的愛心和福報。如果，彼此都把接受愛當第一，看著對方沒有照自己的意思做，就生起怨氣，甚至產生敵意，那麼婚姻生活就會被踐踏破壞。

夫妻像是在合力耕種一塊福田，要先付出努力，再來享受豐收。一對年輕的夫妻，結婚不久就為家計和錢財問題賭氣和吵架，兩人的婚姻很快陷入低潮。他們接受朋友的建議，前來晤談。由於爭吵的重點是家庭財務，所以我請他們把彼此該負擔的支出列出來，赫然發現他們要扶養雙方父母，也都有保險費要付，男方更要支付房貸。我告訴他們，開誠布公，一起打拚，先苦後樂。

每一對幸福成功的夫妻，若從胼手胝足打拚奮起，兩人更能同心緊密，更懂得互相支持和彼此體諒。我說，「你們要手牽著手，看得遠，緊密地相依相愛，朝共同的目標努力，就會創造美好的未來。」這對夫妻聽進了我的話，互相眉目傳情起來，頷首表示願意一起努力。他們手牽著手，有信心地走出晤談室。

接受責任

婚姻幸福的第二個關鍵因素是責任。那些不肯負責，我行我素，把家務事推得一乾二淨，甚至連經濟生活都不肯肩負責任的人，他的婚姻很快就亮起紅燈。這些不肯負責任的人，總是說，「不是我不想負起責任，只是我沒有這個心情，我沒有辦法，也無能為力。」甚至編織出許多藉口說，「你要為婚姻的不美滿負責，我的無助和挫敗，都是你搞出來的惡果。」

如果夫妻的一方或雙方，不願意面對困難，尋找解決問題的方法，卻把責任推得一乾二淨，甚至把罪過加在配偶或孩子身上，那這個婚姻必然就像一個紮不緊的木桶，不僅會鬆脫無法乘載，還會散落一地完全失去功能。

一對年輕夫妻，想把懷孕四個月的太太送回先生的僑居地待產，他們一起與我晤談此舉是否適當。我了解整個狀況之後，告訴他們說，「夫人對你的僑居地不熟，跟你父母也只見過幾次面而已，這樣做並不是很恰當。台灣的醫療水準很好，是否考慮留在台灣生產，互相扶持準備迎接新生兒，雖然辛苦，但有期待、有喜樂，對胎兒和夫人都會更好。」這位男士說，「我工作忙沒有時間，沒有辦法照顧她。」年輕的孕婦一臉惆悵。

我花了好一會兒功夫，分析夫妻在一起待產的好處：說明如何建立胎兒發展的有利條件，相互扶持有助於培養深厚感情，娘家就在台北也可以及時支援等等，先生才勉強答應夫人的請求。我從他們的談話中，判斷這位先生是一位還沒有完全了解什麼是責任的年輕人，我想在這次晤談中，他顯然有所成長。

忠於真實

夫妻對生活的實境看得越清楚，就越能有效地回應他們的需要，從而負起責任，創造更多成就、喜悅和幸福。這些情境包括經濟生活、工作、未來的發展，以及親友的互動關係等等。對夫妻共同的生活情境看得越不清楚，則越容易被虛假和錯誤的觀念所迷惑。許多夫妻愛鋪張，好虛名，重享受，生活上缺乏合理的抱負水準，結果變成賺多少花多少的「月光族」，甚至還負債，必將帶來婚姻的不幸。

結婚成家就是長大成人，就是斬斷臍帶當大人，要收斂起浪漫的情懷，把青少年時代不務實的心理地圖，對照自己的生活情境和工作現實，做個修正翻新。因此，結婚之初就要把心理地圖修正完成，確立為幸福婚姻努力的方向，為未來的生涯發展、養家教子和孝親負起責任。

結了婚就要改掉過去單身時的浪漫，要為婚姻幸福的現實付出努力，懂得自律和精進，彼此願意負責，相知相愛，為共同的人生路努力。

夫妻要說真話，坦誠的交談，決定出共同努力的目標，帶動彼此互動的熱情。夫妻或許專長不同，工作性質不同，還是要相互了解，彼此鼓勵，去完成各自的目標。時下常聽說「有夢最美」，面對真實的夢更令人振奮。此外，夫妻雖然要避免說假話，不過有些真話卻要斟酌，例如會創傷對方自尊和信心的話，要懂得保留，或者換個更有建設性的方式表達才好。太直接的真心話，往往帶來反效果。

求取平衡

保持平衡是生活的真理，失衡會使人傾斜或顛倒。情緒的失衡使人焦慮不安，財務上的失衡造成窘困和拮据，時間的失衡帶來效能的障礙，人我的失衡則造成人際衝突。

夫妻之間想要建立幸福生活，務必凡事重視平衡。平衡的關鍵就是捨棄，願意割捨某些東西，才能獲得生活的平衡。就拿憤怒或生氣來說，人當然有表達憤怒的需求，但也要具備在某些情況下不發作的自制，這才能保持心理的平衡，維持理性的思考和意見溝通的順暢。一位女士告訴我說，「我的先生很負責，也很照顧家庭，唯一的毛病是他個性很急，容易發脾氣責怪別人，如果頂他幾句，可能會暴跳如雷。我的應對方式是在他生氣時，捨棄為自己辯白的機會，過一會兒他的情緒自然會平衡下來。我通常都會另找時間，心平氣和地和他溝通。」

割捨產生平衡，使夫妻之間減少衝突。此外，夫妻願意割捨過度的財務投資，反而能保持有品質的生活；割捨完美主義的吹毛求疵，則能保持更多相知和相愛。然而，割捨是一件痛苦的事，特別是意識形態、價值觀念、既成的行為習慣等等，要想到割捨或暫時放下它，是一件不容易的事。因為背後的心理動機是想贏，所以堅持不肯讓步和割捨，就這樣雙方經常爭執、賭氣或衝突。

夫妻雙方若能養成割捨互讓，溝通便會容易許多，生活和創意就會增加，感情恩愛也與日俱增。因此，透過割捨保持平衡是締造幸福婚姻的重要技巧。

以上四項要素中，延緩報償是指你願意先苦後樂，把該做的事先做好，再來享受該有的快樂。幸福婚姻的經營如果你不願意先付出，就得不到回報，也看不到成長。接受責任表示受得了承擔的痛苦，如果你逃避痛苦，就會半途而廢。不肯承擔責任的人，往往找藉口逃避開溜，最後的結果只能看到失敗和病態，看不到成功的榮景。忠於真實就是面對真實，夫妻要真心相待，並用科學的知識，協助彼此經營幸福成功的人生。求取平衡就是保持雙方的平等，懂得割捨，維持感情、時間、金錢和精神上的平衡。

夫妻若能活用上述四個心理紀律，養成純熟的習慣，必能在現實生活中創造更多幸福，開展美好的人生。